기출을 통해 실전을 대비하는 **면접 합격가이드!**

청소년지도사
2·3급
면접 가이드

백현옥

반복 출제되는
질문과 답변

과목별
개념다지기

청소년지도사
면접준비하기

박영story

머 리 말

청소년지도사 면접을 준비하는 모든 분들의 합격을 기원합니다.

청소년지도사란 청소년지도사 자격을 부여받을 수 있는 시험[1차 필기 합격자 또는 과목이수자(3급 7과목, 2급 8과목) 면접]을 합격하여 한국청소년활동진흥원에서 실시하는 30시간 이상의 연수과정을 이수한 사람을 말합니다.

2차 면접을 보는 청소년지도사 수험생들이 공부하는 데 도움이 되도록 집필하였습니다. 수업시간에 "청소년지도사" 자격증 과목을 강의하고, 면접관으로 활동한 실무경험을 바탕으로 이론을 정리하였고, 지금까지 나왔던 다양한 문제를 엄선하여 정리하였기에 이 책을 통해 공부한다면 충분히 합격할 수 있으리라 생각합니다.

청소년지도사 자격시험에 있어서 2차 면접시험의 경우 1차 필기시험과는 다르게 사전에 충분한 학습과 연습이 필요합니다. 미리 예측하지 못한 분위기와 면접장소, 제한된 시간안에 면접관이 원하는 답을 찾아내기란 어려운 일입니다. 아무리 광범위하게 청소년 관련 전문지식을 가지고 있다고 하더라도 정확히 이해하고 답변하는 것은 또 다른 문제라고 할 수 있습니다.

면접시험의 평가기준은 청소년지도사로서의 가치관 및 정신자세, 예의·품행 및 성실성, 의사발표의 정확성 및 논리성, 청소년에 관한 전문지식과 응용능력, 창의력·의지력 및 지도력 등 총 5개 평가항목을 기본으로 제시하고 있습니다. 2차 면접시험에서 무엇보다도 중요한 것은 청소년지도사가 갖추어야 할 덕목, 청소년지도사로서의 자질, 청소년문화의 이해, 청소녀정책,청소년 수련활동 등 다양한 영역에서 출제 가능한 핵심적인 문제를 중심으로 단기간에 집중훈련이 필요하고 반드시 반복학습과 연습을 하여야 합니다.

또한 청소년지도사의 전문성을 높이기 위해 기본적인 직무수행의 적격성, 직무수행능력, 전문지식 등을 최근 들어 많이 출제하는 경향이 있기 때문에 이에 대비한 충분한 학습이 요구되고 짧은 시간에 창의적 답변을 할 수 있는 능력을 갖추는 것이 합격의 지름길입니다.

책의 구성은 청소년과 관련된 법을 기준으로 1. 청소년기본법 2. 청소년활동진흥법 3. 청소년복지지원법 4. 청소년보호법 5. 그 외의 법들로 구성되어 있고, 이후 청소년과 관련된 이론들을 함께 수록하였습니다. 그리고 마지막에 지금까지 나왔던 기출문제들과 답변을 작성할 수 있도록 구성해 놓았습니다.

이 책이 청소년지도사 2급 및 3급 국가자격 시험을 준비하는 전국의 모든 수험생들에게 꿈을 이룰 수 있는 커다란 길잡이가 되길 바랍니다.

본서를 출간하는데 많은 도움을 주신 박영사 편집부 직원들께 감사드립니다.

송원대학교 A동연구실에서
2021년 11월 1일
저자 백현옥

차 례

서브노트 ——————————————————————————— 7

PART 1
청소년지도사 면접이론 / 9

1. 청소년기본법 ——————————————————— 10
2. 청소년활동진흥법 ———————————————— 26
3. 청소년복지지원법 ———————————————— 67
4. 청소년보호법 ——————————————————— 95
5. 그 외 청소년 관련 법 ————————————— 107
6. 청소년 관련 이론 ———————————————— 118

PART 2
청소년지도사 면접 기출 / 139

1. 청소년지도사 면접 준비하기 ——————————— 140
2. 청소년지도사 면접 기출 문제 1(청소년지도사로서의 자세) ——— 143
3. 청소년지도사 면접 기출 문제 2(청소년 관련 이론) ——— 149

부 록 / 203

청소년 헌장 ——————————————————————— 204

청소년정책과 청소년 관련 법의 변천과정 ————————— 206

청소년정책의 변천과정 ————————————————— 207

청소년수련활동인증제 운영절차 ————————————— 209

청소년수련활동 인증기준 ———————————————— 210

2020년 청소년백서 용어집 ——————————————— 211

청소년지도사 자격시험 시행계획 공고 —————————— 233

비법노트 / 259

서브노트: 청소년지도사 관련 기관과 법

☆ 청소년지도사 관련 기관

여성가족부 산하

1. 한국청소년활동진흥원
   - 가. 청소년수련관
   - 나. 청소년수련원
     - ① 국립청소년수련원
     - − 국립중앙청소년수련원
     - − 국립평창청소년수련원
     - − 국립 고흥 청소년우주체험센터
     - − 국립 김제 청소년농업생명체험센터
     - − 국립 영덕 청소년해양환경체험센터
   - 다. 청소년문화의집
   - 라. 청소년특화시설
   - 마. 청소년야영장
   - 바. 유스호스텔

2. 한국청소년상담복지개발원
   - 가. 청소년상담복지센터 [1388]
     - ① 시 청소년상담복지센터
     - ② 구 청소년상담복지센터

나. 학교밖청소년지원센터 [꿈드림]
　　① 시 학교밖청소년지원센터
　　② 구 학교밖청소년지원센터
다. 청소년쉼터
　　① 청소년일시쉼터
　　② 청소년단기쉼터
　　③ 청소년중장기쉼터

☆ 청소년지도사 관련 법

1. 청소년기본법
2. 청소년활동진흥원
3. 청소년복지지원법
4. 청소년보호법
5. 그외 청소년관련 법
　가. 아동복지법
　나. 소년법
　다. 진로교육법
　라. 인성교육법
　마. 학교와 관련된 법

☆ 법률 2가지

　① 학교밖 청소년지원에 관한 법률
　② 아동청소년 성 보호에 관한 법률

PART 1
청소년지도사 면접이론

1. 청소년기본법

★★★제1조(목적) 이 법은 청소년의 권리 및 책임과 가정·사회·국가·지방자치단체의 청소년에 대한 책임을 정하고 청소년 정책에 관한 기본적인 사항을 규정함을 목적으로 한다.

제2조(기본이념)
① 이 법은 청소년이 사회구성원으로서 정당한 대우와 권익을 보장받음과 아울러 스스로 생각하고 자유롭게 활동할 수 있도록 하며 보다 나은 삶을 누리고 유해한 환경으로부터 보호될 수 있도록 함으로써 국가와 사회가 필요로 하는 건전한 민주시민으로 자랄 수 있도록 하는 것을 기본이념으로 한다.
② 제1항의 기본이념을 구현하기 위한 장기적·종합적 청소년정책을 추진할 때에는 다음 각 호의 사항을 그 추진 방향으로 한다.
   1. 청소년의 참여 보장
   2. 창의성과 자율성을 바탕으로 한 청소년의 능동적 삶의 실현
   3. 청소년의 성장 여건과 사회 환경의 개선
   4. 민주·복지·통일조국에 대비하는 청소년의 자질 향상

★★★제5조의2(청소년의 자치권 확대)
① 청소년은 사회의 정당한 구성원으로서 본인과 관련된 의사결정에 참여할 권리를 가진다.
② 국가 및 지방자치단체는 청소년이 원활하게 관련 정보에 접근하고 그 의사를 밝힐 수 있도록 청소년 관련 정책에 대한 자문·심의 등의 절차에 청소년을 참여시키거나 그 의견을 수렴하여야 한다.
③ 국가 및 지방자치단체는 청소년과 관련된 정책 수립 절차에 청소년의 참여 또는 의견 수렴을 보장하는 조치를 하여야 한다.

★★★제12조(청소년특별회의의 개최)
① 국가는 범정부적 차원의 청소년정책과제의 설정·추진 및 점검을 위하여

청소년 분야의 전문가와 청소년이 참여하는 청소년특별회의를 해마다 개최하여야 한다.

② 청소년특별회의의 참석대상·운영방법 등 세부적인 사항은 대통령령으로 정한다.

★★★제23조(청소년지도사·청소년상담사의 배치 등)

① 청소년시설과 청소년단체는 대통령령으로 정하는 바에 따라 청소년육성을 담당하는 청소년지도사나 청소년상담사를 배치하여야 한다.

② 국가 및 지방자치단체는 제1항에 따라 청소년단체나 청소년시설에 배치된 청소년지도사와 청소년상담사에게 예산의 범위에서 그 활동비의 전부 또는 일부를 보조할 수 있다.

③ 국가와 지방자치단체는 제1항에 따른 청소년지도사 및 청소년상담사의 보수가 제25조에 따른 청소년육성 전담공무원의 보수 수준에 도달하도록 노력하여야 한다.

★★★제25조(청소년육성 전담공무원)

① 특별시·광역시·특별자치시·도·특별자치도(이하 "시·도"라 한다), 시·군·구(자치구를 말한다. 이하 같다) 및 읍·면·동 또는 제26조에 따른 청소년육성 전담기구에 청소년육성 전담공무원을 둘 수 있다.

② 제1항에 따른 청소년육성 전담공무원은 청소년지도사 또는 청소년상담사의 자격을 가진 사람으로 한다.

③ 청소년육성 전담공무원은 관할구역의 청소년과 청소년지도자 등에 대하여 그 실태를 파악하고 필요한 지도를 하여야 한다.

④ 관계 행정기관, 청소년단체 및 청소년시설의 설치·운영자는 청소년육성 전담공무원의 업무 수행에 협조하여야 한다.

⑤ 제1항에 따른 청소년육성 전담공무원의 임용 등에 필요한 사항은 조례로 정한다.

제26조(청소년육성 전담기구의 설치)

① 청소년육성에 관한 업무를 효율적으로 운영하기 위하여 시·도 및 시·군·구에 청소년 육성에 관한 업무를 전담하는 기구를 따로 설치할 수 있다.

② 제11항에 따른 청소년육성 전담기구의 사무 범위, 조직 등에 필요한 사항은 조례로 정한다.

가. 청소년

① 청소년의 개념

- 청소년 : 9세 이상 24세 이하인 사람을 말한다. 다만, 다른 법률에서 청소년에 대한 적용을 다르게 할 필요가 있는 경우에는 따로 정할 수 있다(청소년 기본법, 청소년활동 진흥법, 청소년 복지지원법, 학교 밖 청소년 지원에 관한 법률)
- 청소년 : 만 19세 미만인 사람을 말한다. 다만, 만 19세가 되는 해의 1월 1일을 맞이한 사람은 제외한다(청소년 보호법, 아동청소년의 성보호에 관한 법률)

② 청소년 시기의 특징

- 신체적 특징 : 신장과 체중의 급격한 성장, 체격과 골격의 변화, 생식기능의 발달과 호르몬의 변화
- 정서적 특징 : 성충동의 급격한 증가로 인한 정서적 혼돈경험하며 감정의 양가성을 나타냄(존경심과 열등감, 의존과 자립, 부모에 대한 애정과 경멸 등과 같이 상반되는 감정을 동시에 갖게 됨)
- 지적특성 : 지식을 습득하고 이를 이용하는 지적능력이 절정에 달하여 중요한 인생문제나 사회문제를 정의하고 추론할 수 있는 질적인 측면에서의 능력도 고도화 되고 형식적 조작의 사고를 할 수 있음

③ 청소년기에 갖추어야 할 핵심역량

- 자아역량, 갈등조정역량, 문제해결역량, 성취동기역량, 대인관계역량, 리더십역량, 신체건강역량, 시민성역량 등

나. 청소년지도사

① 정의

국가가 청소년 지도의 전문성을 확보하기 위해 청소년 기본법에 근거하여 자격검정을 실시하고, 이에 합격한 자에게 부여하는 국가공인자격증

△ **청소년지도사와의 비교**

1. **청소년지도자**
   청소년지도자는 청소년기본법에 의한 <u>청소년지도사, 청소년상담사, 청소년시설이나 단체, 청소년관련 기관에서 청소년육성 및 지도업무에 종사하는 자를 총칭.</u>
   즉, 청소년지도자가 더 큰 개념이고, 청소년지도사는 자격증을 가지는 청소년지도자라고 표현할 수 있다.

2. **학교 교사**
   학교 교사는 학교라는 공간에서 전문가에 의해 개발된 교육과정을 전달해주는 교사자의 역할이 강조된 자로, 교과서위주의 지식 교육을 위주로 한다.

3. **사회복지사**
   사회복지사는 사회복지법인 및 사회복지시설에서 사회복지 관련 전문 지식을 가지고 활동하는 자로, 사회복지가 필요한 취약계층을 대상으로 한다.

△ **청소년지도사 자격과 관련된 연수**

- 청소년지도사 연수 및 자격증 발급(청소년 기본법 제21조)
  - 청소년지도사의 자격검정에 합격한 사람에 대한 연수는 청소년지도사의 등급별 또는 대상 특성별로 나누어 실시한다. 다만, 등급별 또는 대상 특성별 인원과 연수 내용 등을 고려하여 통합하여 실시하는 것이 효율적이라고 인정되는 경우에는 통합하여 실시할 수 있다.
  - 연수는 <u>30시간 이상</u>으로 청소년지도사로서의 자질과 전문성을 함양할 수 있는 내용으로 실시하며, 여성가족부장관은 연수를 마친 사람에게 등급별로 청소년지도사 자격증을 발급한다. 청소년지도사 연수기관은

「청소년활동진흥법」 제6조에 따른 한국청소년활동진흥원으로 한다.
- 청소년지도사 보수교육(제10조의2)
  - 기관 또는 단체에 종사하는 청소년지도사는 <u>2년(직전의 교육을 받은 날부터 기산하여 2년이 되는 날이 속하는 해의 1월 1일부터 12월 31 일까지를 말한다)마다 20시간 이상</u>의 보수교육을 받아야 한다. 청소년 지도사 보수교육은 한국청소년활동진흥원 또는 청소년육성에 관한 업 무를 전문적으로 수행하는 기관·단체에 위탁한다.

② 청소년지도사 자격요건

청소년지도사 응시자격기준

구분	응시자격기준
1급 청소년 지도사	2급 청소년지도사 자격 취득 후 청소년활동 등 청소년육성업무에 종사한 경력 이 3년 이상인 사람
2급 청소년 지도사	1. 대학 졸업(예정)자 또는 이와 같은 수준 이상의 학력이 있는 사람으로서 2 급 청소년지도사 필기시험 과목 모두를 전공과목으로 이수한 사람 2. 2005년 12월 31일 이전에 대학을 졸업하였거나 이와 같은 수준 이상의 학 력을 취득한 사람으로서 별표1의 2에 따른 과목을 이수한 사람 3. 대학원의 학위과정 수료(예정)자로서 2급 청소년지도사 필기시험 과목 모두 를 전공과목으로 이수한 사람 4. 2005년 12월 31일 이전에 대학원의 학위과정을 수료한 사람으로서 별표1의 2의 규정에 따른 과목 중 필수영역 과목을 이수한 사람 5. 대학 졸업 또는 이와 같은 수준 이상의 학력이 있다고 다른 법령에서 인정 받은 후 청소년활동 등 청소년육성업무에 종사한 경력이 2년 이상인 사람 6. 전문대학 졸업 또는 이와 같은 수준 이상의 학력이 있다고 다른 법령에서 인정받은 후 청소년활동 등 청소년육성업무에 종사한 경력이 3년 이상인 사람 7. 3급 청소년지도사 자격 취득 후 청소년활동 등 청소년육성업무에 종사한 경 력이 2년 이상인 사람 8. 고등학교 졸업 또는 이와 같은 수준 이상의 학력을 인정받은 후 청소년활동 등 청소년육성업무에 종사한 경력이 8년 이상인 사람
3급 청소년 지도사	1. 전문대학 졸업(예정)자 또는 이와 같은 수준 이상의 학력이 있는 자로서 3 급 청소년지도사 필기시험 과목 모두를 전공과목으로 이수한 사람 2. 2005년 12월 31일 이전에 전문대학을 졸업하였거나 이와 같은 수준 이상의 학력을 취득한 사람으로서 별표1의 2에 따른 과목을 이수한 사람

3. 전문대학 졸업 또는 이와 같은 수준 이상의 학력이 있다고 다른 법령에서 인정받은 후 청소년활동 등 청소년육성업무에 종사한 경력이 2년 이상인 사람		
4. 고등학교 졸업 또는 이와 같은 수준 이상의 학력이 있다고 다른 법령에서 인정받은 후 청소년활동 등 청소년육성업무에 종사한 경력이 3년 이상인 사람		

청소년지도사 검정과목(본인의 해당 급수 과목 꼭 확인하기)

구분	검정과목	검정방법		문제수 (객관식/주관식) 배점 (객관식/주관식)
1급 (5과목)	청소년연구방법론, 청소년 인권과 참여, 청소년정책론, 청소년기관 운영, 청소년지도자론	주·객관식 필기시험 (면접 없음)		각20문제(14/6) / 100점(70/30)
2급 (8과목)	청소년육성제도론, 청소년지도방법론, 청소년심리 및 상담, 청소년문화, 청소년활동, 청소년복지, 청소년프로그램 개발과 평가, 청소년문제와 보호	객관식 필기시험	면접(3급 청소년지도사 자격증 소지자는 면접시험 면제)	각20문제(20/0) / 100점(100/0)
3급 (7과목)	청소년육성제도론, 청소년활동, 청소년심리 및 상담, 청소년문화, 청소년지도방법론, 청소년문제와 보호, 청소년프로그램 개발과 평가	객관식 필기시험	면접	각20문제(20/0) / 100점(100/0)
면접 시험	주요 면접 내용	면접방법		면접대상
	− 청소년지도자로서의 가치관 및 정신자세 − 용모·예의·품행 및 성실성 − 의사발표의 정확성 및 논리성 − 청소년에 관한 지식과 그 응용능력 − 창의력과 의지력, 지도력 등	집단면접 (응시자 3~5명씩 1조로 하여 3인의 면접위원이 채점)		2급, 3급 시험응시자

③ **청소년지도사 배치기준**

- 청소년수련원 : 2급, 3급 − 각 1인, 500명 초과 시 1급, 250명 추가마다 1명씩 추가
- 청소년수련관 : 1급 − 1인, 2급 − 1인, 3급 − 2인
- 청소년특화시설 : 2급 및 3급 각 1인 이상
- 청소년야영장 : 지도자 1인 이상
- 유스호스텔 : 지도자 1인 이상, 500명 초과 시 2급 한명 추가

배치대상	배치기준
청소년 수련관	− 1급 청소년지도사 1인, 2급 청소년지도사 1인, 3급 청소년지도사 2인 이상을 두되, 수용인원이 500인을 초과하는 경우에는 500인을 초과하는 250인 마다 1급, 2급 또는 제3급 청소년지도사중 1인 이상을 추가로 둔다.
청소년 수련원	− 2급 청소년지도사 및 3급 청소년지도사를 각각 1인 이상을 두되, 수용정원이 500인을 초과하는 경우에는 1급 청소년지도사 1인 이상과 500인을 초과하는 250인 마다 1급, 2급 또는 제3급 청소년지도사 중 1인 이상을 추가로 둔다. − 지방자치단체에서 폐교시설을 이용하여 설치하고 특정 계절에만 운영하는 경우에는 청소년지도사를 두지 아니할 수 있다.
유스 호스텔	청소년지도사를 1인 이상 두되, 숙박정원이 500인을 초과하는 경우에는 2급 청소년지도사 1인 이상을 추가로 둔다.
청소년 야영장	− 청소년지도사를 1인 이상 둔다. 다만, 설치·운영자가 동일 시·도안에 다른 수련시설을 운영하면서 청소년야영장을 운영하는 경우로서 다른 수련시설에 청소년지도사를 둔 때에는 그 청소년야영장에 청소년지도사를 별도로 두지 아니할 수 있다. − 국가·지방자치단체 그 밖에 공공법인이 설치·운영하는 청소년야영장으로서 청소년수련거리의 실시 없이 이용의 편의만 제공하는 경우에는 청소년지도사를 두지 아니할 수 있다.
청소년 문화의집	청소년지도사를 1인 이상 둔다.
청소년 특화시설	2급 청소년지도사 및 3급 청소년지도사를 각각 1인 이상 둔다.

청소년 단체	청소년회원 수가 2,000인 이하인 경우에는 1급 청소년지도사 또는 2급 청소년지도사 1인 이상을 두되, 청소년회원 수가 2,000인을 초과하는 경우에는 그 초과하는 2,000인 마다 1급 청소년지도사 또는 2급 청소년지도사 1인 이상을 추가로 두며, 청소년회원 수가 10,000인 이상인 경우에는 청소년지도사 수의 5분의 1 이상은 1급 청소년지도사로 두어야 한다.

④ 청소년지도사의 직무와 역할

- 청소년 지도사의 직무
  - 청소년사업의 이념실현
  - 청소년과의 관계형성 및 유지
  - 청소년의 참여촉진
  - 청소년지도활동 수행 및 운영
  - 청소년지도활동을 위한 물적, 인적자원관리

- 청소년지도사의 역할
  - 교수자로서의 역할
  - 프로그램 개발자로서의 역할
  - 변화촉진자로서의 역할
  - 관리자로서의 역할
  - 복지사로서의 역할
  - 상담자로서의 역할
  - 협력자로서의 역할

- 청소년지도사가 갖춰야 할 역량
  - 청소년을 바라보는 올바른 가치관
  - 교수자 : 가르치는 전문가
  - 프로그램 개발자 : 프로그램기획, 요구분석, 프로그램설계, 프로그램운영 및 평가

- 관리자 : 조직의 발전, 유지 프로그램 관리, 집행
- 협력자 : 협력자로서의 역할

    – 청소년지도사가 갖춰야 할 전문적 지식 및 덕목
- 지도내용에 대한 전문지식
- 인간관계기술
- 의사소통(결정)기술
- 조정 및 통합기술
- 실무(행정)기술

    – 청소년지도사의 사회적 역할
- 지역사회의 청소년지도업무 선도
- 청소년의 문제행동과 심리적 부적응을 유발하는 사회구조와 환경탐색 및 대안 마련
- 청소년 발달을 조력하기 위한 지역사회의 인적·물적 자원의 동원 및 조직

    – 청소년지도자의 자질
- 인간적인 자질 : 감정이입적 태도, 진실성, 자기효능감, 가치관
- 전문적인 자질 : 전문적 기술, 인간관계 기술, 의사소통 기술, 의사결정 기술, 상담기술, 연구기술, 리더십

    – 청소년지도사의 리더십

△ 리더십 구성요소 – 비전과 목표, 리더, 추종자, 상황 등
△ 리더십 특징 – 상호작용, 영향력행사, 집단에서 나타남(공동의 목표를 가지고 있는 개인들로 구성된 집단), 목표지향성, 상황에 따른 리더십 변화(환경, 분위기, 자원 등)
△ 리더십 유형 – 민주적, 권위주의적(비상시나 무능력한 청소년), 자유방

임적(독립적이고 유능한 경우)

△ 리더십 과정

① 청소년지도자가 발휘하는 리더십은 청소년의 행동에 큰 영향을 줄 수 있다.

② 교사와 다른 리더십이 필요

③ 자발적 협력과 상호작용을 이끌어내는 힘, 지도자에 대한 호감과 만족도↑

△ 리더십 기술

① 전문적 기술

② 인간관계기술

③ 개념적 기술

④ 의사소통기술

⑤ 의사결정기술 등

다. 청소년정책기본계획(5개년 계획)

청소년정책의 원활한 수행 및 성과를 위해 「청소년기본법」 제13조에 따라 수립하는 5년 단위 국가계획

① 제1차(1993－1997) 청소년육성 5개년 계획

－ 우수한 전통문화를 바탕으로 건강한 청소년문화를 창달하고 덕·체·지·예를 고루 갖춘 전인적 민주시민의 자질을 함양하여 청소년들이 신한국의 주인으로서 개혁의 성과를 계승·발전시켜 나가도록 함.

② 제2차(1998－2002) 청소년육성 5개년 계획

－ 오늘의 사회 구성원 － 행복을 추구하며 스스로 생각하고 활동하는 주체적인 삶 영위.

－ 내일의 주역 － 건전하고 책임 있는 민주시민으로 성장해 나갈 수 있도록 함.

청소년은 미래의 주역, 21세기 청소년상을 실현함으로써 미래사회가 요구하는 인성과 책임감, 자질과 능력을 갖춘 민주시민으로 성장할 수 있도록 함.

오늘의 사회구성원으로서 독립된 인격체		
미래의 주인공으로 권리유보	→	오늘의 사회구성원으로 권익증진
성인주도. 정책대상의 청소년	→	청소년 참여 · 정책주체로서의 청소년
소수문제청소년의 지도. 보호	→	다수 건강한 청소년의 활동 지원
공급자, 시설 위주의 양적 성장	→	수요자 · 프로그램 중심의 질적 향상
중앙 중심의 규제와 닫힌 운영	→	지역 · 현장중심의 자율과 열린 운영

- 청소년권리보장과 자율적인 참여기회확대
- 청소년이 주체가 되는 문화 · 체육중심의 수련활동 체제 구축
- 국제화 · 정보화시대의 주도능력 배양
- 청소년의 복지증진과 자립지원
- 가정과 지역사회의 역할강화와 참여
- 추진체제의 정비 – 청소년육성기금의 조성확대, 법령개선(청소년기본 법, 청소년헌장 등)

③ 제3차(2003 – 2007)청소년육성기본계획~이념 – 참여, 소통, 체험
- 청소년 권리신장 및 자발적 참여기반 구축
- 주 5일제 대비 창의적 청소년활동 여건 조성
- 취약계층 청소년 복지지원강화
- 청소년 건강보호 및 유해환경 정화

④ 제4차(2008 – 2012)청소년정책기본계획~이념 – 역량강화, 기회균등, 청 소년권리 · 참여정책의 형성
- 유엔아동권리협약 – 차별금지원칙과 아동최선의 이익원칙을 기본이념 으로 규정(우리나라 1991년에 가입)
  ※ 유엔아동권리협약(CRC) ~ 89년 유엔총회에서 채택, 91년 한국가입

- 아동을 단순한 보호대상이 아닌 존엄성과 권리를 지닌 주체로 보도록 요

구하고 아동기본권을 보장하기 위해 입법, 사법, 행정적 조처를 하도록 의무화. 가입국은 5년마다 아동인권상황에 대한 국가 보고서 제출

- 2차 청소년육성개년계획(1998－2002)과 이를 발전적으로 계승한 제 3차 청소년육성5개년기본계획(2003－2007)을 계기로 '청소년 인권신장과 자율·참여'가 주. 정책이념이 되는 획기적 정책패러다임의 전환이 이루어졌으며, 사회구성원으로서 아동·청소년의 시민권 보장을 위한 정책을 추진하기 시작하였다.
- 청소년참여위원회 등 청소년 정책 참여기구가 만들어지고 청소년이 정책에 직접 참여·평가하는 시스템을 갖추게 됨.

⑤ 제 5차(2013~2017) 청소년정책 기본계획 ~ 이념 - 역량강화, 자립증진, 청소년에 친화적 환경 조성, 정책 추진 체계강화

⑥ 제 6차(2018~2022) 청소년정책 기본계획
- 정책 및 기본방향
- 비전 : 현재를 즐기는 청소년, 미래를 여는 청소년, 청소년을 존중하는 사회
- 목표
  - 청소년 참여 및 권리증진
  - 청소년 주도의 활동 활성화
  - 청소년 자립 및 보호지원 강화
  - 청소년 정책 추진체계 혁신
- 중점 과제
  - 청소년 참여 확대, 청소년 권리증진기반 조성, 청소년 민주시민 성장 지원
  - 청소년활동 및 성장지원 체계 혁신, 청소년 체험활동 활성화, 청소년 진로교육 지원 체제 강화
  - 청소년 사회안전망 확충, 대상별 맞춤형 지원, 청소년 유해환경 개선

및 보호지원 강화

- 청소년 정책 총괄·조정 강화, 지역 중심의 청소년 정책 추진체계 강화, 청소년지도자 역량 제고

라. 청소년 정책

① 청소년정책 방향
- 청소년들이 오늘의 사회의 구성원으로서 권익을 증진시키고, 건강한 청소년의 활동을 지원
- 청소년의 참여를 적극적으로 지향
- 청소년들이 주체적인 역할을 해나갈 수 있도록 여러 사회적 기반을 마련

② 청소년정책 주관 부서
- 여성가족부는 청소년 정책을 결정하는 곳
- 교육부는 학생들의 교육을 담당하는 곳

③ 청소년주요정책
- 건강한 미래세대를 위한 청소년 참여와 역량강화
- 사회적 위험에 대처할 수 있는 청소년 지원강화

④ 청소년정책추진
- 청소년정책 참여기반 – 청소년정책포럼, 청소년의 달, 청소년특별회의, 청소년운영위원회, 청소년 참여 위원회
- 청소년활동 – 청소년어울림마당, 청소년수련활동인증제, 국제청소년성취포상제, 청소년방과후아카데미운영
- 청소년 사회안전망 강화 – 지역사회청소년통합체계(CYS–NET), 헬프콜1388, 학교 밖 청소년 지원센터
- 청소년 유해환경 개선 및 보호강화 – 인터넷중독 예방치료, 성범죄자의 신상공개, 여성 및 청소년보호 중앙점검단

※ 청소년 정책안내

주제	정책 명	담당부서
건강지원	정신건강 조기검진 및 조기중재	보건복지부
	청소년의 건강한 식생활 여건 조성	보건복지부
	흡연·음주 등 유해 행태 예방사업 지속 추진	여성가족부, 보건복지부
성범죄 예방 및 보호	성범죄자 재범방지 조치 강화	여성가족부
	성보호를 위한 교육 강화 및 지원 시설의 확충	여성가족부
	청소년 대상 성범죄 예방활동 강화	행정안전부
정책 기반조성	정기적 아동실태조사 및 통계 정비	보건복지부
	제5차 청소년정책 기본계획 수립	여성가족부
	중장기 아동복지 증진을 위한 종합적 전략과 계획 수립	보건복지부
취약계층 지원	교육 및 평가체계 개선을 통한 서비스 강화	여성가족부
	두드림 해밀(토탈 자활지원서비스 체계) 확대·보급	여성가족부
	위기아동 보호 강화를 위한 드림스타트 사업 확대	보건복지부
	위기청소년 서비스 제공을 위한 인프라 확충	여성가족부
	자립지원 사업 체계화	보건복지부
	디딤씨앗통장	보건복지부
학교 안전	가해학생 선도 및 피해학생 지원 체제 구축	교육과학기술부
	대상자별 집중적 홍보 및 교육 강화	보건복지부
	민관협력을 통한 등하교길 안전 강화	교육과학기술부
	생활안전 교육프로그램 개발 및 교육 실시	보건복지부
	안전한 교통 환경 조성	행정안전부, 교육과학기술부, 경찰청
	청소년 인터넷 게임중독 예방 및 치료 강화	여성가족부
	초등학생「365일 온종일 안전한 학교만들기」대책 추진	교육과학기술부
학대예방 및 보호	아동학대예방 인프라 강화	보건복지부
	아동학대예방 효율화를 위한 제도개선 추진	보건복지부
	학대피해아동 가족기능 강화 및 재학대 방지대책 추진	보건복지부
활동지원	멘토-멘티 연계 활성화 및 기술지원	보건복지부
	멘토-멘티 풀 구성 확대	보건복지부
	아동 인지능력 향상 서비스 확대 실시	보건복지부
	아동·청소년 자원봉사활동과 동아리활동 활성화	여성가족부
	아동발달 지원 서비스 확대	보건복지부
	직업체험활동 및 진로상담 프로그램 확대	고용노동부, 여성가족부

청소년 국제교류 활성화	여성가족부
청소년 종합지원 센터 설치·운영 등 청소년활동 인프라 확충	

마. 청소년육성 전담공무원제

① 개념 : 청소년 업무영역에서는 2년마다 담당자가 교체되면 처음부터 다시 업무를 익혀야하기 때문에 일관된 청소년육성 업무를 수행하기 힘든 상황

청소년 기본법 제25조에서 각 지방자치단체마다 조례로 정하여 인사이동 없이 청소년육성만을 전담하는 공무원을 둘 수 있도록 규정

바. 한국 청소년정책연구원(NYPI: National Youth Policy Institute)

① 개념 : 국내 유일의 청소년분야 국책연구기관

1989년 설립된 이후 현재에 이르기까지 청소년에 관한 다양한 이론적 연구 및 과학적 분석을 토대로 국가 청소년정책 수립에 기여

② 주요 기능
- 기초연구·미래전망 : 청소년 육성·보호를 위한 기초조사 및 이론연구
- 정책연구·정책평가 : 청소년 정책 연구와 평가분석을 통한 고객 만족
- 교류협력·홍보확산 : 국내·외 교류협력과 결과 홍보를 통한 위상 제고

③ 주요 업무
- 기초조사
  • 청소년 생활·의식 실태와 변화양상에 대한 종합적 조사연구를 통한 청소년 정책 수립의 시계열적 기초자료 축적(청소년패널조사, 청소년개발지표연구, 전국청소년생활실태조사 등)
  - 정책 연구·개발

- 국가·지방자치단체의 청소년관련 정책 수립을 위한 연구 및 정책 현안에 대한 대응방안과 프로그램 개발(청소년육성기본계획 관련 기초연구, 청소년일탈행동 연구 등)
- 정책 평가 및 자문
  - 국가·지방자치단체의 청소년정책 효과분석을 위한 평가사업 및 자문·지원(청소년 정책·사업 평가모형 개발, 청소년육성기금사업 성과 평가 등)
- 대외교류·협력사업
  - 국내외 청소년 전문기관 및 관련기관과의 교류·협력(청소년관련 국제 교류와 학술 심포지엄, 세계청소년연구개발협의회(WARDY) 운영 등)
- 정책 및 연구자료 제공
  - 청소년연구 및 정책 개발의 방향제시·의견수렴을 위한 세미나·협의회 개최, 연구자료 및 정책관련 정보 제공(학술세미나 개최, 연구·사업보고서, 청소년지도자 연수교재 발간, '한국청소년연구' 발간, 국내외 청소년관련 저널, 논문집, 단행본 수집·제공 등)

사. 청소년 육성기금

① **개념** : 청소년 기본법 53조에 따라, 청소년 육성에 필요한 재원을 확보하기 위해 설치하며, 여성가족부장관이 관리·운용

② **기금의 조성** : 정부의 출연금, 국민체육진흥법 및 경륜·경정법에 따른 출연금, 개인·법인 또는 단체가 출연하는 금전·물품이나 그 밖의 재산, 기금의 운용으로 생기는 수익금, 그 밖에 대통령령으로 정하는 수입금

③ **기금의 사용** : 청소년활동의 지원, 청소년시설의 설치와 운영을 위한 지원, 청소년지도자의 양성을 위한 지원, 청소년단체의 운영과 활동을 위한 지원, 청소년복지 증진을 위한 지원, 청소년보호를 위한 지원, 청소년육성 정책의 수행 과정에 대한 과학적 연구의 지원, 기금 조성 사업을 위한 지원 사업 등

2. 청소년활동진흥법

제1조(목적) 이 법은 「청소년 기본법」 제47조 제2항에 따라 다양한 청소년
　활동을 적극적으로 진흥하기 위하여 필요한 사항을 정함을 목적으로 한다.

★★★제4조(청소년운영위원회)
① 제10조 제1호의 청소년수련시설(이하 "수련시설"이라 한다)을 설치·운영
　하는 개인·법인·단체 및 제16조 제2항에 따른 위탁운영단체(이하 "수련
　시설운영단체"라 한다)는 청소년활동을 활성화하고 청소년의 참여를 보
　장하기 위하여 청소년으로 구성되는 청소년운영위원회를 운영하여야 한다.
② 수련시설운영단체의 대표자는 청소년운영위원회의 의견을 수련시설 운영
　에 반영하여야 한다.
③ 제1항에 따른 청소년운영위원회의 구성·운영 등에 필요한 사항은 대통
　령령으로 정한다.

제6조(한국 청소년활동 진흥원의 설치)
① 「청소년 기본법」 제3조 제2호에 따른 청소년육성(이하 "청소년육성"이라
　한다)을 위한 다음 각 호의 사업을 하기 위하여 한국 청소년활동 진흥원
　(이하 "활동 진흥원"이라 한다)을 설치한다.
　　1. 청소년활동, 「청소년 기본법」 제3조제4호에 따른 청소년복지, 같은
　　　법 제3조 제5호에 따른 청소년보호에 관한 종합적 안내 및 서비스 제공
　　2. 청소년육성에 필요한 정보 등의 종합적 관리 및 제공
　　3. 청소년수련활동 인증위원회 등 청소년수련활동 인증제도의 운영
　　4. 청소년 자원봉사활동의 활성화
　　5. 청소년활동 프로그램의 개발과 보급
　　6. 국가가 설치하는 수련시설의 유지·관리 및 운영업무의 수탁
　　7. 국가 및 지방자치단체가 개발한 주요 청소년수련거리의 시범운영
　　8. 청소년활동시설이 실시하는 국제교류 및 협력사업에 대한 지원
　　9. 청소년지도자의 연수
　　9의2. 제9조의2에 따른 숙박형 등 청소년수련활동 계획의 신고 제원에

대한 컨설팅 및 교육

10. 제18조의3에 따른 수련시설 종합 안전점검에 대한 지원

11. 수련시설의 안전에 관한 컨설팅 및 홍보

1의2. 제18조의2에 따른 안전교육의 지원

2. 그 밖에 여성가족부장관이 지정하거나 활동 진흥원의 목적을 수행하기 위하여 필요한 사업

② 활동 진흥원은 법인으로한다.

③ 활동 진흥원은 그 주된 사무소의 소재지에서 설립등기를 함으로써 성립한다.

제7조(지방 청소년활동 진흥센터의 설치 등)

① 특별시·광역시·특별자치시·도·특별자치도(이하 "시·도"라 한다) 및 시·군·구(자치기구를 말한다. 이하 같다)는 해당 지역의 청소년활동을 진흥하기 위하여 지방 청소년활동 진흥센터를 설치·운영할 수 있다.

② 제1항에 따른 지방 청소년활동 진흥센터(이하 "지방 청소년활동 진흥센터")는 다음 각 호의 사업을 수행한다.

1. 지역 청소년활동의 요구에 관한 조사

2. 지역 청소년 자원봉사활동의 활성화

3. 청소년수련활동 인증제도의 지원

4. 인증받은 청소년수련활동의 홍보와 지원

5. 청소년활동 프로그램의 개발과 보급

6. 청소년활동에 대한 교육과 홍보

7. 제9조의2에 따른 숙박형 등 청소년수련활동 계획의 신고에 대한 지원

8. 제9조의4에 따른 정보공개에 대한 지원

9. 그 밖에 청소년활동을 위하여 필요한 사업

③ 지방 청소년활동 진흥센터는 제2항에 따른 사업을 수행하는 경우 활동 진흥원과 연계·협력한다.

④ 국가 및 지방자치단체는 예산의 범위에서 지방 청소년활동 진흥센터의 운영에 필요한 경비의 전부 또는 일부를 지원할 수 있다.

제9조의2(숙박형 등 청소년수련활동 계획서의 신고)

① 숙박형 청소년수련활동 및 비숙박형 청소년수련활동(이하 "숙박형 등 청소년 수련활동"이라 한다)을 주최하려는 자는 여성가족부령으로 정하는

절차와 방법에 따라 특별자치시장·특별자치도지사·시장·군수·구청장
(자치구의 구청장을 말한다. 이하 같다)에게 그 계획을 신고하여야 한다.
다만, 다음 각 호의 경우는 제외한다.
  1. 다른 법률에서 지도·감독 등을 받는 비영리 법인 또는 비영리 단체
     가 운영하는 경우
  2. 청소년이 부모 등 보호자와 함께 참여하는 경우
  3. 종교단체가 운영하는 경우
  4. 비숙박형 청소년수련활동 중 제36호제2항에 따라 인증을 받아야 하는
     활동이 아닌 경우
② 숙박형 등 청소년수련활동의 주최하려는 자는 제1항에 따른 신고가 수리
   되기 전에는 모집활동을 하여서는 아니된다.
③~⑦ <생략>

★★★제10조(청소년활동시설의 종류) 청소년활동시설의 종류는 다음 각 호
       와 같다.
1. 청소년수련시설
   가. 청소년수련관 : 다양한 청소년수련거리를 실시할 수 있는 각종 시설
       및 설비를 갖춘 종합수련시설
   나. 청소년수련원 : 숙박기능을 갖춘 생활관과 다양한 청소년 수련거리를
       실시할 수 있는 각종시설과 설비를 갖춘 종합수련시설
   다. 청소년문화의집 : 간단한 청소년수련활동을 실시할 수 있는 시설 및
       설비를 갖춘 정보·문화·예술 중심의 수련시설
   라. 청소년특화시설 : 청소년의 직업체험, 문화예술, 과학정보, 환경 등 특
       정 목적의 청소년활동을 전문적으로 실시할 수 있는 시설과 설비를
       갖춘 수련시설
   마. 청소년야영장 : 야영에 적합한 시설 및 설비를 갖추고, 청소년수련거
       리 또는 야영편의를 제공하는 수련시설
   바. 유스호스텔 : 청소년의 숙박 및 체류에 적합한 시설·설비와 부대·편
       익시설을 갖추고, 숙식편의 제공, 여행청소년의 활동지원(청소년수련
       활동 지원은 제11조에 따라 허가된 시설·설비의 범위에 한정한다)을
       기능으로 하는 시설

2. 청소년이용시설 : 수련시설이 아닌 시설로서 그 설치 목적의 범위에서 청

소년활동의 실시와 청소년의 건전한 이용 등에 제공할 수 있는 시설

제11조(수련시설의 설치·운영 등)

① 국가 및 지방자치 단체는 「청소년 기본법」 제18조 제1항에 따라 다음 각 호와 같은 수련시설을 설치·운영하여야 한다.

    1. 국가는 둘 이상의 시·도 또는 전국의 청소년이 이용할 수 있는 국립 청소년수련시설을 설치·운영하여야 한다.

    2. 특별시장·광역시장·특별자치시장·도지사·특별자치도지사(이하 "시· 도지사"라 한다) 및 시장·군수·구청장은 각각 제10조 제1호 가목에 따른 청소년수련관을 1개소 이상 설치·운영하여야 한다.

    3. 시·도지사 및 시장·군수·구청장은 읍·면·동에 제10조 제1호 다목에 따른 청소년문화의집을 1개소 이상 설치·운영하여야 한다.

    4. 시·도지사 및 시장·군수·구청장은 제10조 제1호 라목부터 바목까지의 규정에 따른 청소년특화시설·청소년야영장 및 유스호스텔을 설치·운영할 수 있다. ②~④ <생략>

제16조(수련시설 운영의 위탁)

① 국가 또는 지방자치단체, 제11조 제3항에 따라 허가를 받은 수련시설 설치·운영자는 수련시설의 효율적 운영을 위하여 청소년단체에 그 운영을 위탁할 수 있다.

② 국가 또는 지방자치단체는 제1항에 따라 수련시설의 운영을 위탁받은 청소년단체(이하 "위탁운영단체"라 한다)에 예산의 범위에서 그 위탁된 수련시설의 운영에 필요한 경비를 지원할 수 있다.

③ 위탁운영단체 및 그 대표자와 임원에 관하여는 제14조 및 제15조를 준용한다.

청소년수련활동에 대하여 미리 인증위원회의 인증을 받아야 한다. 다만, 다음 각 호의 어느 하나에 해당하는 단체가 회원을 대상으로 수련활동을 실시하는 경우에는 그러하지 아니하다.

    1. 「스카우트활동 육성에 관한 법률」에 따른 스카우트주관단체

    2. 「스카우트활동 육서에 관한 법률」에 따른 걸스카우트주관단체

    3. 「한국청소년연맹 육성에 관한 법률」에 따라 운영되는 한국청소년연맹

    4. 「한국해양소년단연맹 육성에 관한 법률」에 따라 운영되는 한국해양소년단연맹

5. 「한국4에이치활동 지원법」에 따라 운영되는 4에이치활동 주관단체

6. 「대한적십자사 조직법」에 따라 운영되는 청소년 적십자

7. 그 밖에 여성가족부령으로 정하는 단체

③~⑦ <생략>

제37조(인증수련활동의 결과 통보 등)

① 인증 수련활동을 실시한 자는 인증수련활동이 끝난 후 대통령령으로 정하는 바에 따라 인증위원회에 그 결과를 통보하여야 한다.

② 제1항에 따른 통보를 받은 인증위원회는 그 결과를 활동 진흥원과 지방청소년활동 진흥센터에서 기록으로 유지·관리 될 수 있도록 조치하여야 한다.

③ 청소년이용시설을 설치·운영하여 인증수련활동을 실시하는 개인·법인·단체 등은 다음 각 호의 어느 하나에 해당하는 경우에는 5년 이내에 청소년수련활동의 인증을 인증위원회에 신청할 수 없다.

1. 제1항에 따른 인증수련활동 실시 결과를 거짓으로 통보한 경우

2. 제36조의3에 따라 인증이 취소된 경우

3. 인증을 받은 사항이 아닌 다른 청소년수련활동을 실시한 경우

제5장 청소년교류활동의 지원(제53~59조)

제53조(청소년교류활동의 진흥)

① 국가 및 지방자치단체는 청소년교류활동 진흥시책을 개발·시행하여야 한다.

② 국가 및 지방자치단체는 청소년활동시서로가 청소년단체 등에 대하여 청소년교류활등을 장려하기 위한 다양한 형태의 청소년교류활동 프로그램을 개발하여 운영하게 할 수 있다.

③ 국가 및 지방자치단체는 예산의 범위에서 제2항에 따른 청소년 교류활동 프로그램의 개발·운영에 필요한 경비의 전부 또는 일부를 지원할 수 있다.

제54조(국제청소년교류활동의 지원)

① 국가 및 지방자치단체는 정부·지방자치단체·국제기구 또는 민간 등이 주관하는 국제 청소년교류활동을 지원하기 위한 시행 계획을 수립하고

이를 추진하여야 한다.

② 국가는 다른 국가와 청소년 교류협정을 체결하여 국제청소년 교류활동이 지속적으로 발전할 수 있는 기반을 조성하여야 한다.

③ 국가 및 지방자치단체는 민간기구가 국제청소년교류활동을 시행할 때에는 이를 지원할 수 있다.

제56조(교포청소년교류활동의 지원)

① 국가 및 지방자치단체는 교포청소년의 모국방문·문화체험 및 국내 청소년과의 청소년 교류활동을 지원하고 장려하여야 한다.

② 국가는 청소년단체 또는 「청소년 기본법」 제3조 제6호에 따른 청소년시설이 주관하는 교포청소년교류활동의 확대·발전을 위하여 행정적·재정적 지원을 할 수 있다.

제58조(청소년교류센터의 설치·운영)

① 국가는 제53조부터 제57조까지의 업무를 효율적으로 지원하기 위하여 청소년교류센터를 설치·운영할 수 있다.

② 청소년교류센터의 운영은 대통령령으로 정하는 바에 따라 청소년단체 등에 위탁할 수 있으며, 이 경우 운영에 필요한 경비를 지원할 수 있다.

제59조(남·북청소년교류활동의 제도적 지원)

① 국가는 남·북청소년 교류에 관한 기본계획을 수립하고, 남·북청소년이 교류할 수 있는 제도적 여건을 조성하여야 한다.

② 국가는 남·북청소년 교류를 위한 기반을 조성하기 위하여 필요한 체계적인 통일교육을 실시할 수 있다.

제6장 청소년문화활동의 지원(제60~65조)

제60조(청소년문화활동의 진흥)

① 국가 및 지방자치단체는 청소년 문화활동 프로그램 개발, 문화시설 확충 등 청소년문화활동에 대한 청소년의 참여 기반을 조성하는 시책을 개발·시행하여야 한다.

② 국가 및 지방자치단체는 제1항에 따른 시책을 수립·시행할 때에는 문화

예술 관련 단체, 청소년동아리단체, 봉사활동단체 등이 청소년문화활동 진흥에 적극적이고 자발적으로 참여할 수 있도록 하여야 한다.

③ 국가 및 지방자치단체는 제2항에 따른 자발적 참여에 대해서는 예산의 범위에서 그 경비의 전부 또는 일부를 지원 할 수 있다.

제62조(전통문화의 계승) 국가 및 지방자치단체는 전통문화가 청소년문화활동에 구현될 수 있도록 필요한 시책을 수립·시행하여야 한다.

제63조(청소년축제의 발굴지원) 국가 및 지방자치단체는 청소년축제를 장려하는 시책을 수립하여 시행하여야 한다.

제64조(청소년동아리활동의 활성화)
① 국가 및 지방자치단체는 청소년이 자율적으로 참여하여 조직하고 운영하는 다양한 형태의 동아리활동을 적극 지원하여야 한다.

② 청소년활동시설은 제1항에 따른 동아리활동에 필요한 장소 및 장비 등을 제공하고 지원할 수 있다.

제65조(청소년의 자원봉사활동의 활성화) 국가 및 지방자치단체는 청소년의 자원봉사활동을 활성화할 수 있는 기반을 조성하여야 한다.

가. 청소년 활동의 정의

① 정의 : 청소년활동이란 청소년의 균형 있는 성장을 위하여 필요한 활동과 이러한 활동을 소재로 하는 수련활동·교류활동·문화활동 등 다양한 형태의 활동

- 청소년수련활동 : 청소년이 청소년활동에 자발적으로 참여하여 청소년 시기에 필요한 기량과 품성을 함양하는 교육적 활동
청소년지도자와 함계 수련거리에 참여하여 배움을 실천하는 체험활동

- 청소년교류활동 : 청소년이 지역(예시. 광주－대구), 남북(남한－북한), 국가 간의 다양한 교류를 통해 공동체 의식과 문화차이에 대한 이해 등을 함양하는 체험활동

－ 청소년문화활동 : 청소년이 예술활동, 스포츠활동, 동아리활동, 봉사활동 등을 통하여 문화적 감성과 더불어 살아가는 능력을 함양하는 체험활동

△ 청소년 기본법상의 청소년활동의 영역(고유활동, 수련활동, 임의활동)

－ 고유활동영역 : 학교나 직장, 복무처를 중심으로 이루어지는 학업, 근로, 복무활동
－ 수련활동영역 : 생활권이나 자연권에서 심신단련, 자질배양, 취미개발, 정서함양, 사회봉사 등 체험활동
－ 임의활동영역 : 주로 가정을 중심으로 이루어지는 자유 활동

△ 청소년 활동의 용어정리

－ 청소년수련거리 : 청소년수련활동에 필요한 프로그램과 이와 관련되는 사업을 말한다(청소년활동 진흥법)
  → 청소년에게 다양한 활동경험을 제공하기 위해 활용되는 프로그램의 총체
※ 청소년 활동의 3요소
  수련거리, 수련시설, 청소년지도사.
    － 청소년 수련활동의 구성요소
      수련거리, 수련터전, 청소년지도자, 청소년단체, 수련활동 동기부여와 참여시간

－ 청소년활동시설 : 청소년수련활동, 청소년교류활동, 청소년문화활동 등 청소년활동에 제공되는 시설로서 청소년수련시설(청소년수련관, 청소년수련원, 청소년문화의집, 청소년특화시설, 청소년야영장, 유스호스텔)과 청소년이용시설 구분된다(청소년활동 진흥법)
－ 숙박형 청소년수련활동 : 19세 미만의 청소년(19세가 되는 해의 1월1일을 맞이한 사람은 제외한다)을 대상으로 청소년이 자신의 주거지에서 떠나 청소년수련시설 또는 그 외의 다른 장소에서 숙박·야영하거나 청소년수련시설 또는 그 외의 다른 장소로 이동하면서 숙박·야영하는 청소년수련활동을 말한다(청소년활동 진흥법)
－ 비숙박형 청소년수련활동 : 19세 미만의 청소년을 대상으로 청소년수련시설 또는 그 외의 다른 장소에서 실시하는 청소년수련활동으로서 실시하

는 날에 끝나거나 숙박 없이 2회 이상 정기적으로 실시하는 청소년수련
활동을 말한다(청소년활동 진흥법)

△ 청소년육성의 정의

- 청소년활동을 지원하고 청소년의 복지를 증진하며 근로 청소년을 보호하
  는 한편, 사회 여건과 환경을 청소년에게 유익하도록 개선하고 청소년을
  보호하여 청소년에 대한 교육을 보완함으로써 청소년의 균형 있는 성장
  을 돕는 것
- 청소년육성의 근원은 헌법이며, 청소년육성의 총론적 토대는 청소년기본
  법이며 육성영역은 청소년활동, 청소년복지, 청소년보호에 관한 영역

청소년 육성 vs 청소년 활동

청소년 육성	청소년 활동
청소년활동을 지원하고 청소년의 복지를 증진하며 근로 청소년을 보호하는 한편, 사회 여건과 환경을 청소년에게 유익하도록 개선하고 청소년을 보호하여 청소년에 대한 교육을 보완함으로써 청소년의 균형 있는 성장을 돕는 것	청소년의 균형 있는 성장을 위하여 필요한 활동과 이러한 활동을 소재로 하는 수련, 교류, 문화활동 등 다양한 형태의 활동

교육 vs 육성

교육	육성
지식과 기술을 가르치며 인격을 길러 주며, 넓은 의미 교육 → 바람직한 인간형성의 작용으로서 인간의 건전한 심신의 발달을 위한 모든 활동	길러 자라게 함. 교육의 육에 해당 → 사람의 타고난 요소들을 보살펴 도덕적 능력을 함양하는 것을 말함

- 청소년육성정책
  • 청소년들의 지, 덕, 체가 조화롭게 성장하도록 하고, 청소년 행정활동의
    방향과 내용을 제시
  • 청소년문제해결의 최적의 대안 제시와, 청소년의 욕구 반영과 발달특성
    에 정책을 필요로 함

② 청소년활동의 효과
- 청소년의 자아존중감, 자아개념, 자기효율성 등을 향상시킴
- 청소년이 청소년활동에 참여함으로써 자기효능감이 현저히 높아지고 자신이 수행하는 과업이나 행동의 범위가 크게 확대되며, 궁극적으로는 자신의 학업성취도를 제고하는 능력이 크게 확대
- 야외활동을 통하여 청소년들의 개인차를 인식(즉, 성·학문적 능력·육체적 능력 등이 다르게 나타남을 인식)
- 자아존중감, 자아개념, 자신의 조절능력 등을 향상시켜 사회화과정을 보다 효과적으로 이행해 나가는 중요한 계기
- 청소년활동의 교육적 가치 : 학교현장을 벗어나 교육적 경험의 기회를 야외공간을 통해 확대하고 청소년 스스로가 경험적 가치를 높임으로써 자발적으로 사회적 역량을 증진해 나가는 것을 의미

나. 한국청소년활동진흥원

① 한국청소년활동진흥원(KYWA) : 청소년활동을 담당하는 여성가족부 산하 준정부기관

청소년활동 운영사업	청소년지도자양성	청소년 지원사업
• 청소년활동 정보서비스 • 청소년수련활동 인증제 • 청소년 자원봉사 • 청소년성취포상제 • 청소년 국제교류 • 청소년수련활동 신고제 • 청소년수련시설 안전점검 • 청소년특별회의 • 자유학기제 연계 프로그램	• 자격검정 • 자격연수 • 보수교육 • 전문연수 • 직무연수 • 청소년기관 현장실습	• 청소년방과후아카데미 • 문화예술 지원사업 • 프로그램 공모사업 • 수련활동 지원 • 시도센터 연계협력 사업

② 시·도 청소년 활동 진흥 센터
- 청소년활동 진흥법 제 7조에 근거, 해당 지역의 청소년활동을 진흥하기 위해 설치, 운영
  * 어디에 위치하고 있나?
- 서울, 인천, 광주, 대전, 부산, 대구, 전북, 제주, 강원, 울산, 경기, 충남, 충북에 위치하고 있다.
- 주요사업
  • 지역 청소년활동의 요구에 관한 조사
  • 지역청소년 자원봉사활동의 활성화
  • 청소년수련활동 인증제도의 지원
  • 인증 받은 청소년수련활동의 홍보와 지원
  • 청소년활동 프로그램의 개발과 보급
  • 청소년활동에 대한 교육과 홍보
  • 숙박형 등 청소년수련활동 계획의 신고에 대한 지원
  • 정보공개에 대한 지원
  • 그 밖에 청소년활동을 위하여 필요한 사업

다. 청소년단체협의회

- 청소년기본법 제40조에 근거하여, 청소년육성을 위한 다음 각 호의 활동을 하기 위하여 여성가족부장관의 인가를 받아 한국청소년단체협의회를 설립할 수 있음
- 주요 사업
  • 회원단체의 사업과 활동에 대한 협조·지원
  • 청소년지도자의 연수와 권익 증진
  • 청소년 관련 분야의 국제기구활동
  • 외국 청소년단체와의 교류 및 지원
  • 남·북청소년 및 해외교포청소년과의 교류·지원

- 청소년활동에 관한 조사·연구·지원
- 청소년 관련 도서 출판 및 정보 지원
- 청소년육성을 위한 홍보 및 실천 운동
- 지방청소년단체협의회에 대한 협조 및 지원
- 그 밖에 청소년육성을 위하여 필요한 사업

- 청소년단체
  - 학교교육과 상호보완 할 수 있는 청소년활동을 통한 청소년의 기량과 품성함양, 청소년복지증진을 통한 청소년 삶의 질 향상, 유해환경으로 부터 청소년을 보호하기 위한 청소년보호 업무의 수행 등이 있다.
    - → 국제청소년교류연맹, 국제청소년연합, 대구청소년단체협의회, 대한 적십자사청소년적십자(RCY), 아르미청소년문화재단, 유네스코한국 위원회, 흥사단, 한국4-H본부, 한국YMCA전국연맹, 한국스카우트 연맹 등

△ 특별법에 의해 설립된 우리나라의 청소년 단체
① 한국해양소년단연맹(한국해양소년단연맹 육성에 관한 법률)
② 한국청소년연맹(한국청소년연맹 육성에 관한 법률)
③ 보이스카우트, 걸스카우트(스카우트활동 육성에 관한 법률)
④ 4H(한국4에이치활동 지원법)
⑤ 청소년적십자(대한적십자사 조직법)
⑥ 한국과학우주청소년단(한국과학우주청소년단 육성에 관한 법률), 약칭 과학청소년단

라. 청소년수련시설

① 청소년수련시설의 종류와 정의

- 청소년수련시설의 종류 : 청소년수련관, 청소년수련원, 청소년문화의집,

청소년 특화시설, 청소년야영장, 유스호스텔

△ 청소년이용시설

수련시설이 아닌 시설이지만, 청소년활동의 실시와 건전한 이용이 가능한 시설

예시. 문화시설, 과학관, 체육시설, 평생교육기관, 자연휴양림, 수목원, 사회복지관, 시민회
　　관, 어린이회관, 공원, 광장, 둔치와 그 밖의 청소년들이 이용하기에 적합한 시설

---

② **청소년수련시설의 세부적 종류**

- 청소년수련관 : 다양한 청소년수련거리를 실시할 수 있는 각종 시설 및
  설비를 갖춘 종합수련시설
  - 배치기준 : 1급 − 1인, 2급 − 1인, 3급 − 2인

△ **프로그램의 종류**

- 청소년 지원센터, 극장(목동수련관), 체육관, 음악실, 방과 후 프로그램,
  해양특성화 프로그램(IBS, 카약, 윈드서핑), 전통문화 프로그램(스포츠 카
  이트−사물놀이한마당, 문화재창조−난타), 자연체험 프로그램(2인승 협
  력자전거 하이킹, 무인도 탐험), 심성계발 프로그램(촛불의식과 나레이
  션) 등.
- 청소년 수련활동의 기획 및 운영, 청소년 심신단련, 자질배양, 취미계발
  및 정서함양을 위한 수련활동, 청소년 지도와 보호를 위한 각종교육, 연
  수 및 상담에 관한 사항, 청소년 지도자 연수 및 각종 수련거리 개발,
  운영, 보급에 관한 사항, 청소년 자원봉사 센터 운영, 기타 수련관 시설
  관리 및 청소년을 위한 제반행사 등

- 청소년수련원 : 숙박기능을 갖춘 생활관과 다양한 청소년수련거리를 실
  시할 수 있는 각종 시설과 설비를 갖춘 종합수련시설
  - 배치기준 : 2급, 3급 − 각 1인, 500명 초과 시 1급, 250명 추가마다 1
    명씩 추가

  TIP. 청소년수련관과 청소년수련원은 숙박의 유무로 구분할 수 있다.

★ 5대 국립청소년수련시설

– 국립평창청소년수련원(강원도 평창)

우리나라 최초의 자연권 수련시설. 자연체험활동 특성화·전문화

숲 체험, 모험활동, 트레킹 등 평창의 지역적 특색을 살린 아웃도어 활동 중심의 특성화캠프와 가족캠프, 청소년 야영대회 등을 통해 청소년들의 호연지기와 도전 정신을 기르고 또래들과의 집단활동을 통해 협동심과 공동체 의식을 함양하는 시설

– 국립중앙청소년수련원(충청남도 천안)

건강한 청소년 육성과 미래형 청소년지도자를 양성을 지원하는 시설.

청소년지도자연수, 청소년시범 수련활동, 청소년 수련활동 프로그램의 개발 및 보급, 수련시설 간 네트워크 구축, 정보교류, 국제교류 활동 등 민간부문이 추진하기 어려운 영역을 담당하며 전국의 청소년수련활동을 지원

– 국립고흥청소년우주체험센터(전라남도 고흥)

청소년이 천문·항공우주에 대한 배경지식을 실험과 체험으로 알아가는 수련시설.

우주과학 현상에 대한 기본 원리를 익힐 수 있도록 설계된 다양한 실험 시설과 전시체험시설은 청소년이 과학적이고 창의적인 사고와 미래 도 전정신을 키우는 데 도움을 주는 시설

– 국립김제청소년옹업생명체험센터(전라북도 김제)

청소년의 농업생명 특성화 체험을 위한 수련시설

청소년들은 생명에 대한 사랑을 바탕으로 생태 감수성과 미래 농업의 가 치를 인식함

– 국립영덕청소년해양환경체험센터(경상북도 영덕)

다양한 해양체험을 통해 바다에 대한 호기심과 흥미를 가지게 되고 해양 의 소중함을 알게되는 계기를 만들기 위해 만든 시설

청소년들은 바다를 향해 꿈을 꾸고 미래를 개척하는 정신을 기르며, 해 양자원개발, 기술발전에 대한 비전을 만들어 감

- 청소년문화의집 : 간단한 청소년수련활동을 실시할 수 있는 시설 및 설비를 갖춘 정보·문화·예술 중심의 수련시설
  • 배치기준 : 지도사 1인 이상

△ 청소년과 관련된 모든 활동현장에서 수련활동, 문화활동, 교류활동 등을 포함한 청소년활동을 전담하여 학생, 근로, 복무, 무직청소년 등 전체 청소년의 신체단련과 정서함양, 자연체험, 예절수양, 사회봉사, 전통문화활동 등을 지도하고, 청소년복지 증진, 청소년보호와 관련된 직무를 수행

- 청소년특화시설 : 청소년의 직업체험, 문화예술, 과학정보, 환경 등 특정 목적의 청소년활동을 전문적으로 실시할 수 있는 시설과 설비를 갖춘 수련시설
  • 배치기준 : 2급 및 3급 각 1인 이상

△ **특화시설 예시**

청소년미디어센터 스스로넷, 청소년문화교류센터 MIZY(미지), 청소년직업체험센터 HAJA(하자), 청소년성문화센터 AHA(아하), 서울특별시립 근로청소년복지관, 서울특별시립 청소년활동 진흥센터, 부안군 청림청소년수련시설, 한국청소년안전체험관, 청소년삶디자인센터 등

- 청소년야영장 : 야영에 적합한 시설 및 설비를 갖추고, 청소년 수련거리 또는 야영편의를 제공하는 수련시설
  • 배치기준 : 지도사 1인 이상

- 유스호스텔 : 청소년의 숙박 및 체류에 적합한 시설·설비와 부대·편익시설을 갖추고, 숙식편의 제공, 여행청소년의 활동지원 등을 주된 기능으로 하는 시설
  • 배치기준 : 지도사 1인 이상, 500명 초과시 2급 한명 추가

마. 청소년참여기구

① 청소년 특별회의

- 범정부적 차원의 청소년육성 정책과제의 설정·추진·점검
- 16개 시, 도의 청소년분야 전문가와 청소년이 참여 → 매년 개최
- 청소년과 청소년정책에 대한 사회적 관심 유도
- 청소년정책의 범정부적 추진 촉진
- 청소년이 제안한 의제가 관련부처의 정책대안 창출·추진으로 이어짐
- 청소년이 청소년정책에 직접 참여하는 계기 마련
- 특별회의를 계기로 관련부처 간 유기적 업무연계 및 협력 네트워크 구축
  ※ 청소년특별회의의 문제점 - 구성원의 대표성문제, 정책의제에 대한
     공감부족, 추진일정의 가변성, 구성원의 명확한 역할정립 미비 등

② 청소년 참여위원회

- 지방자치단체의 운영조례에 의해 구성
- 청소년이 주체적으로 청소년 정책의 형성, 집행, 평가 과정에 참여할 수
  있는 제도
- 청소년자신의 잠재역량을 개발, 사회성을 향상, 사회적으로 청소년의 권
  리신장과 건전한 민주시민으로서의 육성에 기여
- 대도시의 경우 시 소속으로 청소년활동 진흥센터에 설치되어 있는 외에
  시청, 구청, 군청 등의 관공서에 주로 소속되어 있거나 지역적으로 청소
  년수련관, 문화의 집에, 읍, 면, 리의 소지역은 단독으로 설치되어 있는
  지역도 있음

③ 청소년 운영위원회

- 수련시설 내의 청소년 참여기구(청소년수련관, 청소년문화의집)
- 설치목적은 청소년수련시설을 이용하는 청소년의 의견과 욕구를 반영하

여 청소년수련시설이 청소년 중심으로 운영될 수 있도록 하기 위한 것
- 10-20인 이내의 청소년으로 구성, 임기는 1년
- 청소년 관련 프로그램, 토론회, 캠페인개회 및 참여 등

바. 청소년지도사 배치 지원사업

- 목적 : 공공 청소년수련시설 등에 능력과 전문성을 갖춘 청소년지도사를 배치하여 수련시설 운영 활성화 및 청소년 수련활동 프로그램의 질적 향상을 도모하고, 다양한 청소년 수련활동 전담 지도를 통해 인성 함양, 도전 정신 등을 길러줌으로써 청소년들이 건강하고 창의적이며 역량 있는 인재로 성장할 수 있도록 지원하는 것

사. 청소년 어울림마당, 청소년문화존, 청소년동아리지원사업

① 청소년어울림마당

- 정의 : 청소년어울림마당은 문화예술, 스포츠 등을 소재로 한 공연, 경연, 전시, 놀이체험 등 문화체험이 펼쳐지는 장으로 청소년의 접근이 용이하고 다양한 지역사회 자원이 결합된 일정한 공간(상설 공간)
- 목적 : 지역 내의 청소년들이 다양한 문화활동의 생산자이자 소비자로서 주도적으로 문화활동에 참여할 수 있는 상시적 공간을 조성하여 청소년의 문화적 감수성 및 역량 증진을 도모하는 것과 동아리 및 지역사회 자원과 연계한 청소년활동을 통하여 건전한 청소년 문화 형성을 도모

② 청소년문화존

- 정의 : 청소년들이 주체가 되어 기획하고 진행하는 청소년들의 다양한 문화(예술, 문화, 놀이 등)를 표현하기 위한 장소
- 목적 : 청소년의 건전한 여가 활용을 위해 놀이마당식 체험공간에 지역적

특성을 살린 각종 문화 프로그램을 제공하는 사업으로 청소년활동 진흥법과 국가청소년위원회의 '청소년 문화존 조성지원계획 및 운영' 지침에 따라 각 지방자치단체에서 이 목적에 적합한 지역을 청소년 문화존으로 지정하여 운영

이렇게 조성된 청소년문화존에서는 청소년들을 위한 다양한 체험 프로그램과 문화예술, 스포츠 등을 소재로 한 공연, 경연, 전시 등을 진행함으로서 청소년들의 문화적 감성함양과 역량개발에 도움

TIP. 청소년어울림마당과 청소년문화존은 자기 지역에서 운영되고 있는 곳을 미리 알아 두는 것이 필요.

(예시. 광주광역시 청소년어울림마당은 유스퀘어 광장에서 운영됩니다. 광주광역시 청소년문화존과 서구 청소년문화존 역시 유스퀘어광장에서 운영됩니다.)

③ 청소년동아리지원사업

- 정의 : 공통의 목적과 관심사를 가진 청소년들이 취미, 소질, 가치관, 문제의식 등을 공유하면서 자치적이고 지속적으로 운영하거나 활동하는 모임
- 목적 : 청소년들이 자립적·종합적인 동아리 활동을 통하여 다양한 특기를 계발·체험하고, 인성·사회성 함양의 기회를 제공하는 것

아. 청소년수련활동인증제

① 정의

청소년활동 진흥법 제 35조에 따라 국가 및 지방자치단체 또는 개인·법인·단체 등이 실시하고자 하는 청소년수련활동을 인증하고, 인증수련활동에 참여한 청소년의 활동 기록을 유지·관리·제공하는 국가인증제도

② 운영 목적

- 국가가 청소년수련활동의 공공성과 신뢰성을 인증함으로써 청소년활동

정책의 실효성 제고
- 청소년의 교육·사회적 환경 변화에 따른 양질의 청소년활동 정책과 참여 기회 제공
- 다양한 청소년활동 정보 제공 및 청소년 활동 참여 활성화
- 자기 계발 및 진로 모색 등에 활용 가능한 활동 기록 관리·제공

③ **특징**

- 청소년의 성장발달과 욕구를 바탕으로 프로그램 운영
- 전문성을 갖춘 전문가
- 위험요소를 최소화
- 활동기록확인서 언제든지 발급, 포트폴리오 직접 관리할 수 있음
  • 발급방법 : 청소년 인증수련활동에 참여하고 난 30일 이후부터 발급받을 수 있다.
  • 인증위원회 : 위원장 포함 15인의 위원으로 청소년수련활동인증위원회를 구성, 운영하고 있고, 인증심사를 위해 별도로 인증심사원을 선발, 운영하고 있다.

④ **인증수련활동의 유형 : 기본형, 숙박형, 이동형**

- 기본형 : 1일 3시간 이상 혹은 1일 2시간 이상으로 2회기 이상에 걸쳐 일정시간 정기적으로 이루어지는 비숙박 활동(한 번에 끝나는 건 3시간 이상해야 함 - 청소년문화의집, 청소년수련관 등의 생활권 시설에서 실시)
- 숙박형 : 숙박에 적합한 장소에서 일정 기간 숙박하며 이루어지는 활동(1박 2일, 2박 3일, 3박 4일 등 - 청소년수련원, 유스호스텔, 청소년야영장 등의 숙박가능 시설에서 실시)
- 이동형 : 활동내용에 따라 선정된 활동장을 이동하여 숙박하며 이루어지는 활동(국토순례 등)

⑤ 인증의 공통기준

- **활동프로그램** : 청소년의 발달 특성과 욕구를 반영하여 프로그램을 구성하고 평가체계를 자원의 효율적인 운영계획 수립
- **지도력** : 프로그램 운영 및 관리에 적합한 자를 선정, 청소년 참여 인원수 대비 적정 인원수의 지도자 배치, 위험도가 높은 청소년수련활동에는 응급처치 전문인력 등 배치
- **활동환경** : 청소년들에게 안전하고 적합한 활동환경을 제공할 수 있도록 공간과 설비, 사용여건, 보험가입 등 안전관리 계획을 철저하게 수립

활동유형별 인증기준

활동유형	인증기준	비고
기본형	공통기준 6개(1~6번) ※ 식사 포함 시 : 개별기준 1개추가 제시 　　→ 3번(영양관리자 자격) ※ (프로그램)이동이 있는 경우 : 개별기준 2개추가 제시 　　→ 4번(휴식관리), 5번(이동관리)	위험도가 높은 활동 포함 시 특별기준 2개추가 적용
숙박형	공통기준 6개(1~6번), 개별기준 3개(1~3번)	
이동형	공통기준 6개(1~6번), 개별기준 5개(1~5번)	

※ 부록 <청소년수련활동인증제 인증기준> 참고

△ 위험도가 높은 청소년수련활동(청소년활동 진흥법 시행규칙 별표7)은 다음과 같습니다.
① 수상활동 : 래프팅, 모터보트, 동력요트, 수상오토바이, 고무오토바이, 고무보트, 수중스쿠터, 호버크래프트, 수상스키, 조정, 카약, 카누, 수상자전거, 서프보드, 스킨스쿠버
② 항공활동 : 패러글라이딩, 행글라이딩
③ 산악활동 : 클라이밍(자연암벽, 빙벽), 산악스키, 4시간 이상의 야간등산
④ 장거리 걷기활동 : 10km 이상 도보 이동

⑤ 그 밖의 활동 : 유해성 물질(발화성, 부식성, 독성 또는 환경유해성 등) 사용, 짚라인(양편의 나무 또는 지주대 사이로 튼튼한 와이어를 설치하고 몸에 연결된 트롤리(Trolley)를 와이어에 걸어 **빠른** 속도로 반대편으로 이동하는 이동수단), ATV(어떤 지형에서도 주행이 가능한 사륜 차량) 탑승 등 사고 위험이 높은 물질·장비 등을 활용하여 이루어지는 청소년 수련활동

⑥ 인증수련활동의 인증 신청

- 누가? : 국가와 지방자치단체 또는 개인·법인·단체 등 누구나 청소년수련활동에 필요한 프로그램을 개발하여 실시하려는 경우 인증을 신청할 수 있습니다. 단, 청소년 참가인원이 150명 이상이거나 위험도가 높은 청소년 수련활동으로 지정된 활동을 실시하려는 경우에는 사전에 인증을 받아야 합니다.
- 언제?/어디서? : 활동 참가자 모집 또는 활동개시 45일 이전에 청소년수련활동인증위원회에 관련 서류를 갖추어 인증 신청을 합니다.
- 무엇을? : 청소년 시기에 필요한 기량과 품성을 함양할 수 있는 교육적 활동으로 인증 기준을 충족하는 활동이어야 합니다. 다만, 불특정 다수를 대상으로 하는 행사나 축제, 단순 기능습득을 위한 훈련이나 강좌 등은 제외됩니다.
- 어떻게? : 청소년수련활동 인증정보시스템을 통해 온라인으로 신청합니다.
- 제출서류? : 청소년수련활동인증신청서와 인증기준별 증빙서류 등입니다.

△ 인증절차 및 처리기간
- 인증위원회는 인증신청서류가 접수된 날로부터 25일 이내에 심사를 완료하고 인증 가부를 인증신청자에 통보합니다.
- 인증신청서류의 보완에 소요되는 기간 및 이의신청과 재심사 기간은 제1항에서 규정한 처리기간에 포함되지 않습니다(보완은 20일 이내의 기간을 정해서 요청할 수 있다)
- 인증을 포함한 인증제의 운영절차는 다음과 같습니다.

△ 운영절차

− 참여기록 관리 및 등재(인증수련활동의 결과 통보)

· 인증수련활동 종료 후, 청소년지도사는 15일 이내에 참가자의 활동내역을 인증위원회에 통보해야 합니다.

· 인증수련활동에 참가한 청소년은 활동종료 후 20일 이내에 그 기록을 확인해야 합니다. 이 확인은 기록의 오류를 정정할 수 있는 기회를 제공하기 위한 것이며, 확인을 하지 않더라도 기록은 영구·보존됩니다.

− 청소년수련활동인증제도의 주요 특징

· 사전 인증 : 프로그램 실시 전, 또는 참가자 모집 전 인증을 신청하여 인증 여부가 결정됨

· 서면 인증 : 인증을 신청하려는 자는 관련 자료를 서면으로 작성하여 제출함

· 프로그램 인증 : 운영하고자 하는 수련활동을 개별 인증하고 관리함

− 인증의 유효기간 : 인증 받은 날로부터 1년에서 4년까지

− 지도자 배치(법적기준 참가대상당 지도자수)

· 실내 : 30명당 1명

· 실외 : 15명당 1명

· 위험도가 높은 프로그램의 '참여자 대 지도자' 비율은 1:1부터 20:1까지 다양함

1 : 1 − 항공활동(패러글라이딩, 행글라이딩)

5 : 1 − 수중에서 이루어지는 활동

10 : 1 − 수상에서 이루어지는 활동

15 : 1 − 산악활동, 장거리 걷기활동(10km 이상 도보 이동), 그 밖의 위험도가 높은 수련활동

20 : 1 − 수상과 수중을 제외한 연안해역이나 무인도에서의 활동, 수영장에서의 수영활동

※ 내수면의 래프팅 활동은 래프팅 보트당 1명 배치

※ 위험도가 높은 모든 활동에서 대기자 관리는 30 : 1

자. 청소년수련활동신고제

① 정의

- 19세 미만 청소년을 대상으로 하는 청소년수련활동 계획을 사전에 신고하도록 하고, 관련 정도를 참가자가 편리하게 확인할 수 있도록 인터넷에 공개하는 제도
- 신고 수리된 활동 정보를 공개하여 청소년, 학부모 등 정보가 필요한 모든 사람이 쉽게 수련활동 정보를 알 수 있도록 하여 선택과 참여 결정에 도움을 주는 제도

② 목적

- 활동 운영 전반의 안전을 점검하도록 도와줌
- 범죄 경력자 등 결격 사유 있는 지도자의 참여를 막을 수 있음
- 안전 보험 가입을 의무화

③ 신고절차

- 누가? : 19세 미만 청소년을 대상으로 청소년 수련활동을 기획하고 주최하려는 경우 신고

다만,

(1) 다른 법률에서 지도·감독 등을 받는 비영리 법인·단체에서 운영하거나

(2) 청소년이 부모 등 보호자와 함께하는 경우와

(3) 종교단체가 운영하는 경우는 신고대상에서 제외됩니다.

　　※ (1)의 예시 : 스카우트주관단체, 걸스카우트주관단체, 한국청소년연맹, 한국해양소년단연맹, 4에이치활동주관단체, 청소년적십자

　　※ (3)의 예시 : 템플스테이(사찰), 여름성경학교(교회)

- 언제? / 어디서? : 청소년수련활동 모집 14일 전까지 소재지 관할 시·군·구에 관련 서류를 갖추어 신고

- 무엇을? : 숙박형 청소년수련활동과 비숙박 청소년수련활동 중 청소년참가 인원이 150명 이상이거나, 위험도가 높은 수련활동으로 지정된 활동이 대상
- 어떻게? : 소재지 관할 시·군·구에 직접 제출하거나 청소년수련활동 신고시스템을 통한 온라인 신고가 가능

차. 국제청소년성취포상제

① 정의

- 만 14세에서 24세까지의 모든 청소년들이 신체단련 활동, 자기개발 활동, 봉사활동 및 탐험활동을 통해 그들의 잠재력을 최대한 개발하고, 청소년 자신 및 지역사회와 국가를 변화시킬 수 있는 삶의 기술을 갖도록 하는 국제적 자기성장 프로그램

② 기본이념

- 1956년 영국 에딘버러공작에 의해 시작되어 현재 131개국에서 운영되며 '비경쟁성, 평등성, 자발성, 유연성, 균형성, 단계성, 성취지향성, 지속성, 과정중시성, 흥미' 10가지 기본이념을 바탕

③ 목적

- 자신이 평소에 하고 싶었던 가치 있는 활동을 스스로 정하고 계획하여 매주 지속적인 활동을 하도록 하는 제도
- 자기주도적인 학습능력을 키워주며 좋은 활동들을 지속적으로 이어나갈 수 있는 습관을 길러주게 됨
- 청소년들의 자기주도성과 도전정신을 통해 자신의 역량을 지속적으로 개발시킬 수 있는 습관을 가질 수 있게 함
  성취목표는 함께 활동하는 청소년들이 경쟁하거나 비교하는 목적이 아니

라 작은 목표라도 꾸준히 자기 자신과의 약속을 지키는 것

- 도전을 통해 끈기를 배우고, '할 수 있다'라는 자신감을 가지게 됨

④ 포상단계의 연령조건

- 동장 : 만 14세 이상
- 은장 : 만 15세 이상
- 금장 : 만 16세 이상

  ※ 만 나이로 연령 조건을 충족하면 은장, 금장부터 참여할 수 있지만 동
  장단계부터 활동할 것을 적극 권장

⑤ 포상활동 기간

- 동장 : 6개월 이상
- 은장 : 동장 취득 후 6개월 이상, 동장 없이 도전 시 12개월
- 금장 : 은장 취득 후 12개월 이상, 은장 없이 도전 시 18개월

⑥ 포상활동 영역 (5개 영역)

- 봉사활동 : 타인과 지역사회에 도움을 줄 수 있는 영역
- 자기개발 활동 : 개인의 관심 분야를 배우고 익히는 영역
- 신체단련 활동 : 몸과 마음을 건강하게 하는 영역
- 탐험활동 : 자연에서 도전정신과 팀워크 그리고 환경의 소중함을 깨닫는
  영역
- 합숙활동 : 새로운 사람들과 가치 있는 목적을 공동으로 이루는 영역
  ※ 합숙활동(4박 5일)은 금장 포상단계에서만 실시하는 활동

구분	봉사활동	자기개발 활동	신체단련 활동	탐험활동	합숙활동
금장 만 16세 이상	12개월 48시간 이상 (48회 이상)	12개월 48시간 이상 (48회 이상)	12개월 48시간 이상 (48회 이상)	3박 4일	4박 5일 ※ 금장에 한함
	은장을 보유하지 않은 자는 봉사, 자기개발, 신체단련 중 하나를 선택하여 추가로 6개월 수행				
은장 만 15세 이상	6개월 24시간 이상 (24회 이상)	6개월 24시간 이상 (24회 이상)	6개월 24시간 이상 (24회 이상)	2박 3일	
	동장을 보유하지 않은 자는 봉사, 자기개발, 신체단련 중 하나를 선택하여 추가로 6개월 수행				
동장 만 14세 이상	3개월 12시간 이상 (12회 이상)	3개월 12시간 이상 (12회 이상)	3개월 12시간 이상 (12회 이상)	1박 2일	
	참가자는 봉사, 자기개발, 신체단련 중 하나를 선택하여 추가로 3개월 수행				

⑦ 참여절차

• 온라인 회원가입
  → 온라인 운영기관 검색
  → 운영기관 포상담당관과 상담 및 포상담당관 배정
  → 온라인 입회신청 및 입회비 결제
  → 4개 활동영역 세부계획 및 성취목표 수립
  → 포상담당관 세부계획 승인
  → 계획에 따라 활동
  → 활동기록 및 보고서 작성
  → 영역별 활동 완료요청 및 소감문 작성
  → 포상활동담당자 의견서 작성
  → 포상담당관 영역별 활동완료 승인

→ 심사비 결제

→ 포상심사(포상심사관 및 책임포상감독관)

→ 최종판정(승인/반려)

→ 포상식 참여

카. 청소년자기도전포상제

① 정의

- 국제청소년성취포상제 기본 운영틀과 연계된 활동으로, 만 9세에서 13세 (초등학교 3학년~중학교 2학년)의 저연령 청소년들이 또래 및 가족과 함께 자기개발 활동, 신체단련 활동, 봉사활동, 탐험활동 4가지 활동영역에서 스스로 정한 목표를 성취해 가며, 숨겨진 끼를 발견하고 꿈을 찾아가는 자기성장 프로그램

② 목적

- 자신이 속한 사회 속에서 다른 사람과 조화로운 삶을 살아갈 수 있는 힘을 기르게 함

③ 포상활동 기간

- 동장 : 16회 37시간 이상
- 은장 : 32회 74시간 이상
- 금장 : 48회 111시간 이상, 은장없이 도전은 만 12세 이상
  ※ 전 단계의 포상을 받았다면 그 포상을 인정하여 도전 횟수와 시간을 줄일 수 있음

포상 단계별 포상활동 영역 최소 활동기간

포상단계	활동 구분	자기개발 활동	신체단련 활동	봉사활동	탐험활동	완수시간
금장	도전 활동	24회/ 24시간	24회/ 24시간	24회/ 24시간	2박 3일/ 15시간	도전활동 24회, 87시간
	성취 활동	– 자기개발·신체단련·봉사활동 중 한 가지 활동을 선택하여 각 활동당 7일 간격 최소 24회(24시간) 이상 활동 – 은장 활동을 마친 청소년은 성취활동 면제				성취활동 24회, 24시간
						총 완수시간 48회, 111시간
은장	도전 활동	16회/ 16시간	16회/ 16시간	16회/ 16시간	1박 2일/ 10시간	도전활동 16회, 58시간
	성취 활동	– 자기개발·신체단련·봉사활동 중 한 가지 활동을 선택하여 각 활동당 7일 간격 최소 16회(16시간) 이상 활동 – 동장 활동을 마친 청소년은 성취활동 면제				성취활동 16회, 16시간
						총 완수시간 32회, 74시간
동장	도전 활동	8회/ 8시간	8회/ 8시간	8회/ 8시간	1일/ 5시간	도전활동 8회, 29시간
	성취 활동	– 자기개발·신체단련·봉사활동 중 한 가지 활동을 선택하여 각 활동당 7일 간격 최소 8회(8시간)이상 활동				성취활동 8회, 8시간
						총 완수시간 16회, 37시간

④ 주의사항

– 자발적 참여로 일주일에 한 시간씩 규칙적으로 활동
– 학교 정규수업 교육과정 이외의 여가시간을 활용하여 성취목표에 적합한
  일관성 있는 활동으로 참여
– 참여 청소년의 활동 종류와 목표 수준에 따라 청소년지도사의 전문지식
  또는 경력, 자격 등을 고려하여 적정한 포상활동담당자를 선정

- **자기개발 활동** : 개인적 관심과 흥미에 따라 실생활에 필요한 기술이나 사회·문화적 기술을 개발하는 활동

  예시. 문예, 악기 배우기, 손글씨, 마술, 연기활동 등 문화예술 활동, 외국어 회화, 과학 탐구 등 학술활동, 요리, 목공, 로봇제작 등 수공활동, 바둑, 보드게임, 사진 등 취미활동

- **신체단련 활동** : 운동이나 신체를 이용한 활동으로 체력증진을 통해 삶의 질을 개선하고자 하는 활동

  예시. 축구, 육상, 수영, 배드민턴 등 스포츠 활동, 제기차기, 자치기, 그네뛰기 등 전통 신체놀이

- **봉사활동** : 주변에 도움이 필요한 사람이나 지역사회를 대상으로 자원하는 마음으로 이루어지는 활동

  예시. 학습부진 친구, 장애인, 다문화 가정 학생 돕기 등 교내봉사활동, 복지시설, 공공시설, 병원, 재해 구호 등 지역사회 봉사활동, 깨끗한 환경 만들기, 자연보호 등 자연환경 보호활동, 공공질서, 학교 주변 정화, 헌혈 등 캠페인 활동

- **탐험활동** : 청소년 자신이 성취하고자 하는 목표를 자연환경 속에서 찾아 도전하면서 배우고 느끼는 야외활동. 새로운 환경에 대한 도전정신 및 성취감 그리고 자연환경에 대한 소중함을 깨닫게 하는 것이 목적

  예시. 국토대장정, 등산, 래프팅, 역사문화 탐사, 문화유적지 탐사 등

타. 청소년자원봉사활동

① 정의

- 청소년 활동의 한 영역(문화활동)으로 바람직한 성장과 역량강화, 이타심배양등을 목표로 자발성에 기초하여 수행되는 청소년 학습과정 중심의 활동

② 도입배경

- 물질만능주의 가치관과 부모의 지나친 과보호 속에서 성장한 청소년은

오직 자신과 가족만을 생각하는 극단적인 개인주의 풍조
- 치열한 입시위주의 학교교육은 청소년 인성에 심각한 영향
- 자질향상과 사회생활에 필요한 직업에 대한 탐색과 준비 등을 할 수 있도록 도와줄 수 있는 학교수업 외의 무엇인가가 절실히 필요

③ **자원봉사의 목표**

- 청소년의 건전한 의식형성과 참여욕구 증진을 위하여 전문화된 지원체계 구축
- 자원봉사자의 온라인 지원체계 구축 및 관련 시설과의 연계로 다양한 정보를 제공하고 실적 관리의 효율화 추구
- 1995년 5월 31일 교육개혁방안에서 학생들의 다양한 체험활동 및 봉사활동을 할 수 있도록 제도적 기틀을 마련
- 현재 16개 시·도에 청소년활동 진흥센터를 설치, 운영하고 있으며 청소년봉사활동 포털(두볼 DOVOL)을 운영하여 청소년들이 인터넷에서 실시간 봉사활동 신청, 경력관리, 봉사활동확인서 발급
- 청소년들이 봉사학습을 통해 지역사회에 공헌하며, 봉사활동에 참여하는 청소년들을 격려하고 지원하기 위한 연례행사로 매년 4월 청소년자원봉사주간을 지정·운영

④ **청소년자원봉사단계**

- 준비 → 실행 → 평가 및 반성 → 인정과 축하
- 청소년들이 건강하게 성장 발전할 수 있도록 지도하는 것이 필요
- 가장 중요한 것은 청소년들의 주체적인 참여
    → 지도자가 주도적으로 기획하더라도 청소년들이 자기주도성을 높일 수 있도록 조직화하는 것이 중요
    → 이후에는 청소년들이 주도적으로 준비(기획) – 실행 – 평가를 담당하는 것이 바람직

△ 문제점

─ 시간 때우기, 동원 식으로 자원봉사활동
─ 형식적 실적 쌓기

△ 대책

─ 자원봉사에 관한 충분한 기획과 준비가 필요
─ 자원봉사 시작 전 어색한 분위기를 깨기 위해 간단한 게임을 통해 친밀
  감형성
─ 자원봉사 동아리를 조직
─ 가족과 함께하는 자원봉사를 통해 자연스럽게 접근하고 체험을 시작하는
  것이 중요

---

⑤ 운영체계

─ 여성가족부(사업지원)
    → 한국청소년활동진흥원(참여봉사부)(봉사활동 사업지원 및 연계)
    → 시·도 청소년활동 진흥센터(사업실적 보고 및 연계)
    → 한국청소년활동진흥원(참여봉사부)(결과보고)
    → 여성가족부
─ 각 시·도에 청소년활동진흥센터를 설립하여 자원봉사, 수련활동 및 교
  육 등 통합서비스 제공
    • 포털사이트(http://dovol.youth.go.kr) 구축으로 다양한 자원봉사 프로
      그램 제공 및 실적 관리
    • 자원봉사 동아리(커뮤니티) 활성화 및 해외봉사단 모집·파견
─ 학교, 복지시설 등과의 자원봉사네트워크 형성
    • 각급 학교에 교육·연구 및 봉사활동 프로그램 제공
    • 청소년수련시설, 복지시설 등 공급가능한 시설과 봉사자 간 연계서비
      스 제공

파. 방과후 아카데미

① 정의

- 초등학교 4학년부터 중학교 3학년까지의 청소년을 대상으로 여성가족부와 지방자치단체에서 청소년들의 건강한 방과 후 생활과 삶의 질 향상을 위해 전문체험 및 학습 프로그램, 청소년 생활관리 등 종합서비스를 지원하는 국가정책지원 사업

② 정책목표

- 중앙과 지방, 가정과 지역사회가 연계하여 방과 후 돌봄이 필요한 '나홀로 청소년'을 대상
- 가정교육과 공교육을 보완하는 공적서비스 기능을 강화
- 맞벌이·한부모·장애·취약계층 가정의 나홀로 청소년을 대상으로 체험활동·보충학습지원·교과학습·자기개발활동·복지·보호·지도를 통하여 스스로 자립할 수 있는 역량을 배양
- 여성의 경제참여 지원, 저소득가정 사교육비 절감, 나홀로 청소년의 범죄·비행 노출 예방 등 부수적인 효과를 기대하는 것

③ 지원대상

- 기준중위소득 60% 이하인 저소득층, 한부모·조손·다문화·장애 가정, 3자녀 이상 가정 등, 방과 후 돌봄이 필요한 청소년
- 학교장 및 지역사회 추천 청소년도 지원 가능

④ 기능

- '방과후 나홀로 청소년'을 위한 안전하고 안정적인 공간의 기능
- 건강한 놀이와 문화를 체험하고 실천하는 기능
- 보호자·청소년·지역사회가 원활하게 소통할 수 있도록 돕는 기능

- 정규교육으로 부족한 인성 및 창의성 개발 지원기능 등을 수행

⑤ **운영방식**

- 2005년 46개소 시범운영을 시작, 2006년 전국적으로 확대
- 기본형 : 2개교실(40명)
- 확장형 : 3개교실(60명)
- 교장격인 PM(프로젝트 매니저, 청소년 지도사 2급) 1명
- 각 교실별 담임격인 SM(스케줄 매니저, 청소년지도사 3급)이 업무전담자로 상근
- 보충학습, 교과학습, 체험활동 등은 전문 강사진이 시간강사 형태로 근무

△ **PM & SM**

- 운영책임자(PM : Project Manager/프로젝트매니저)
  - 지역사회에서 청소년 및 관련 분야 3년 이상 종사자로서, 청소년 지도사 자격증 2급 소지자 우대
  - 하는 일 : 청소년 방과 후 아카데미 총괄, 일정관리, 운영지원, 행정 등
- 실무지도자(SM : Schedule Manager/스케줄매니저)
  - 지역사회에서 청소년지도와 연관이 있는 관련분야 전공자(전문대졸 이상)로 청소년지도에 부합하는 인성과 자질을 겸비한 자
  - 하는 일 : 숙제지도 또는 자기주도 학습지도(1일 1시간), 상담 및 생활기록 관리. 급식 지원

---

⑥ **방과후 학교(교실)**

- 각급 학교에서 운영하는 정규교육과정 외의 수업
- 정규수업을 보완하는 다양한 교육경험을 수요자(학생, 학부모) 중심으로 제공
- 학교운영위원회의 심의를 거쳐 정규수업외의 시간에 교과, 특기, 적성, 보육 등으로 운영

⑦ **지역아동센터**

- 아동복지법 제 16조에 의한 아동복지시설의 한 유형
- 전국 읍, 면, 동에 위치하여, 아동들과 가장 가까운 곳에서 돌봄 서비스를 제공
- 사회소외계층의 자녀와 저소득층 아이들이 주로 이용하는 지역밀착형 아동복지시설
  • 프로그램 : 생활지원, 학습지원, 놀이 및 특별활동지원, 사례관리, 지역자원 연계 프로그램 등 지역사회아동 통합복지서비스 제공
  • 지역아동센터의 문제점
  * 대다수의 지역아동센터가 초등학생과 중학생이 함께 생활하면서 아동의 연령대별, 심리적, 신체적인 발달상태의 차이가 나므로 각 아동의 발달단계에 따른 지도가 어렵다.
  * 규모별 인력배치 기준과 자격기준에 있어서 상당수 지역아동센터가 자격미달의 아동지도교사를 두고 있다.
  * 재정지원의 열악하다.
  * 지금까지 지역아동센터들은 허가제가 아닌 신고제로 개설 – 운영되었고, 양적인 팽창수준에 비견하면 질적으로 상당부분 저하된 느낌을 주고 있다.

⑧ **청소년공부방**

- 지역사회 저소득층 청소년들을 대상으로 학습공간 제공과 학습지원을 하며 상담 및 생활지도 등
- 정부의 방침은 청소년공부방과 지역아동센터를 합하겠다.
  BUT. 지역아동센터는 중학생을 위한 프로그램이 제대로 없는 경우가 많고, 시설이 열악하거나 또 다 수용할 수 없는 곳도 많다

△ 수련관과 지역아동센터 비교

	수련관	지역아동센터
근거법령	청소년활동 진흥법	아동복지법
	다양한 수련거리를 실시할 수 있는 각종 시설 및 설비를 갖춘 종합수련시설	지역사회 아동의 보호, 교육, 건전한 놀이와 오락의 제공, 보호자와 지역사회의 연계 등 아동의 건전 육성을 위하여 종합적인 아동복지 서비스를 제공하는 시설
설치지역	시군구에 1개소 이상 설치되어야 함	전국 읍면종단위의 지역사회에 위치
프로그램	체력단련, 정서함양, 용기배양, 예절수양, 협동심배양, 긍지함양, 복합수련	생활지원, 학습지원, 놀이 및 특별활동 지원, 사례관리, 지역자원 연계 프로그램 등
이용대상	다양한 청소년 이용	빈곤층 아동이 주로 이용.

△ 방과후 아카데미와 지역아동센터 비교

	방과후 아카데미	지역아동센터
근거법령	청소년활동 진흥법.	아동복지법
	체험활동·보충학습지원·교과학습·자기개발활동·복지·보호·지도 등 청소년의 자립 역량 강화	지역사회 아동의 보호, 교육, 건전한 놀이와 오락의 제공, 보호자와 지역사회의 연계 등 아동의 건전 육성을 위하여 종합적인 아동복지 서비스를 제공하는 시설
설치지역	수련관, 문화의집 등에 위치	전국 읍면종단위의 지역사회에 위치
프로그램	체험활동·보충학습지원·교과학습·자기개발활동·복지·보호·지도	생활지원, 학습지원, 놀이 및 특별활동 지원, 사례관리, 지역자원 연계 프로그램 등
이용대상	초등학교 4학년~중학교 3학년 기준중위 60%, 학교장추천 가능	빈곤층 아동이 주로 이용.

△ 방과후 아카데미와 방과후 학교 비교

	방과후 아카데미	방과후 학교
근거법령	청소년활동 진흥법	
	체험활동·보충학습지원·교과학습·자기개발활동·복지·보호·지도 등 청소년의 자립 역량 강화	정규수업을 보완하는 다양한 교육경험을 수요자(학생, 학부모) 중심으로 제공
설치지역	수련관, 문화의집 등에 위치	각 학교 내
프로그램	체험활동·보충학습지원·교과학습·자기개발활동·복지·보호·지도	교과, 특기, 적성, 보육 등
이용대상	초등학교 4학년~중학교 3학년 기준중위 60%, 학교장추천 가능	해당학교 학생

하. 프로그램 개발단계

① 프로그램의 정의

구분	프로그램	커리큘럼
주요 관심	개인의 요구·문제	교과목
학점 인정	비학점화	학점화
설 계 자	학습자, 교육자, 활동가	전문가, 자문가
주요 내용	요구·문제해결에 도움	지식·기술·태도·가치
초 점	문제 중심	내용 중심
장 점	경험 최대이용 즉각적 요구부응	명백한 학습목표→ 학습방향 제시 체계적 조직화→ 계열성

② 프로그램의 기획과 계획

- 기획 : 무엇을 왜 하는지에 대한 설명으로 요구분석, 기대효과분석 등을

통해 목적을 구체화시키는 과정(정책적, 장기적, 포괄적, 동적)

- 계획 : 기획을 바탕으로 목적을 어떻게 달성할지에 대한 설명으로 목적
달성을 위한 목표와 수단을 구체화시키는 과정(구체적, 단기적, 부분적,
정적)

③ 프로그램 개발단계(4단계)

프로그램 기획 → 프로그램 설계 → 프로그램 실행 → 프로그램 평가

※ 가장 중요한 단계에 대한 질문 유념

- 프로그램 기획
  - 프로그램 개발의 첫 번째 단계
  - 프로그램 개발 전문가가 미래의 교육활동을 위해 준비하는 미래지향적
    인 활동으로 프로그램과 관련된 현황과 요구를 분석하여 프로그램 개
    발의 기본 방향을 설정하는 단계

- 청소년활동을 통하여 무엇을 할 것인가?
- 청소년활동프로그램을 왜 개발해야 하는가?
- 청소년활동을 어떻게 진행할 것인가?
- 해야 할 일
  프로그램개발팀 구성, 청소년기관 분석, 청소년특성분석, 프로그램개발타
  당성분석, 프로그램개발기본방향설정, 프로그램아이디어 창출, 청소년요
  구분석, 우선순위설정

- 프로그램 설계
  - 기획 단계에서 확인된 청소년의 요구 및 필요와 프로그램 개발의 기본
    방향에 맞게 프로그램의 구체적 목표를 설정
  - 목표와 관련된 프로그램 내용을 선정·조직화하고, 지도방법을 체계화
    시키며, 교육매체를 개발하는 단계

- 기획단계에서 확인된 교육적 요구와 필요를 기초로 프로그램의 내용과 방법 선정·조직
- 지도안을 개발하고 평가계획을 수립하는 과정
- 프로그램목표설정, 프로그램 내용선정, 프로그램 내용계열화, 활동체계설계, 활동내용 설계 등
- 해야 할 일

  프로그램 목적·목표 진술, 프로그램내용선정, 프로그램내용계열화, 활동체계설계, 활동내용설계, 활동운영설계

  - 프로그램 실행
    - 완성된 프로그램을 실제 응용하고 전개하는 단계

- 프로그램 목표를 달성해 나가는 과정
- 프로그램을 제대로 실행하고 운영하기 위해서는 치밀한 사전준비와 점검
- 실천과정에서의 적절한 동기화 및 효과적인 지도전략이 투입
- 해야 할 일

  청소년관리, 지도자관리, 활동자료관리, 자원관리(물적, 시설지원)

  - 프로그램 평가
    - 일정 기간 동안 실시된 청소년 프로그램을 대상으로 하여 그것이 의도한 대로 제대로 잘 수행되었는지를 판단하는 과정

- 평가는 가치를 부여하고, 비평을 가하는 것을 의미
- 해야 할 일

  프로그램평가(목적설정, 영역·준거확인, 지표·도구개발, 자료수집/분석, 평가보고)

④ 프로그램 개발단계(5단계)

> 프로그램 기획 → 프로그램 설계 → 프로그램 마케팅 → 프로그램 실행
> → 프로그램 평가

- 프로그램 기획
  - 프로그램 개발의 첫 번째 단계
  - 프로그램 개발 전문가가 미래의 교육활동을 위해 준비하는 미래지향적인 활동으로 프로그램과 관련된 현황과 요구를 분석하여 프로그램 개발의 기본 방향을 설정하는 단계
- 프로그램 설계
  - 기획 단계에서 확인된 청소년의 요구 및 필요와 프로그램 개발의 기본 방향에 맞게 프로그램의 구체적 목표를 설정
  - 목표와 관련된 프로그램 내용을 선정·조직화하고, 지도방법을 체계화시키며, 교육매체를 개발하는 단계
- 프로그램 마케팅
  - 프로그램에 잠재적 고객의 참여를 유도하고 촉진시키기 위해 취해지는 조치
  - 프로그램 설계가 완료되면 프로그램 개발 전문가는 잠재적 고객들의 참여를 유도하고 촉진하는 데 관심

- 홍보, 광고 등을 통해 청소년활동 프로그램 알리기
- 그들의 참여를 적극적으로 유도하고 촉진시키는 방법에 대해 연구하고 분석하고 판단하는 포괄적인 개념
- 해야 할 일
  잠재적 참여자마케팅, 프로그램마케팅방법결정, 프로그램마케팅자료/매체 제작, 프로그램마케팅실행

△ 마케팅 혼합요소

- 4P : 제품, 가격, 유통, 촉진
  - 제품 : 프로그램
  - 가격 : 수강료
  - 유통 : 프로그램의 시간배정, 장소의 선정
  - 촉진 : 광고, 홍보 및 특전 제공 등으로 해석

- 3P(추가) : 사람, 물적 증거, 과정
  - 사람 : 강사, 직원 및 동료 청소년집단
  - 물적 증거 : 시설과 설비, 각종 편의시설 등
  - 과정 : 청소년기관의 학사과정이나 각종 규칙과 제도의 운영방법

- 프로그램 실행
  - 완성된 프로그램을 실제 응용하고 전개하는 단계
- 프로그램 평가
  - 일정 기간 동안 실시된 청소년 프로그램을 대상으로 하여 그것이 의도한 대로 제대로 잘 수행되었는지를 판단하는 과정

⑤ SWOT분석

- 정의 : 어떠한 사업이나 프로그램에 대하여 Strength(강점), Weakness(약점), Opportunities(기회), Threats(위협)의 4가지 요인에 대해 분석하는 것
- 따라서 프로그램을 개발하는 과정에 SWOT분석을 도입하면 프로그램 내·외부의 환경적 요소를 파악할 수 있음

△ 청소년 개발

- 정의
  청소년들에게 다양한 체험, 경험, 활동 등을 제공함으로써, 청소년기에 당면한 문제들을 해결하고, 성인기로서의 삶을 위해 필요한 역량 즉, 신체적, 정서적, 인지적, 사회적, 시민적, 직업적 측면에서의 역량들을 발달

시켜 나가는 일련의 과정
- 정책에 미치는 영향
  - 정책목적의 확장 (문제예방 →성공적 삶 준비)
  - 청소년의 참여기회 및 여건확대(양질의 발달환경 조성)
  - 정책적 전략을 수정
  - 정책관심(단기적 문제행동 치료 → 장기적 발달), 정책투입(기초서비스 제공 → 여건조성 및 기회확대), 개발무대(학교중심 → 지역사회 내 모든 시설/공간), 지도자(학교교사/전문가 → 다양한 인적자원), 청소년 (서비스 수혜자 → 적극적/능동적 참여자)의 정책적 변환

△ 국제교류활동

- 국제교류사업 사업개요
  - 미래 세대의 주역인 청소년이 글로벌 리더십과 국제 감각을 함양할 수 있도록 여러나라의 청소년 및 청소년 지도자에게 인적 교류 및 정보교환 기회를 제공하는 사업
  - 1979년 처음 시작한 국가간 청소년교류 및 청소년 해외체험 프로그램, 국제 청소년행사 국내 개최 및 지원 등
- 국가간 청소년 교류
  - 목적 : 청소년 교류를 통한 국가간 우의 증진 및 협력기반 조성, 글로벌 리더로서 역량 개발 지원
- 한·중 청소년특별교류
- 한·중 청소년 인문유대 강화사업
- '꿈과 사람속으로' 청소년 해외자원봉사단
- '청소년을 세계의 주역으로' 청소년 국제회의·행사 참가단
- 청소년 교류활동과 관련이 있는 청소년 국제 교류센터
  - 청소년국제교류센터(koreayouth.net)

* 청소년활동 진흥법 제58조에 근거
* 국가 간 청소년교류 사업의 내실화를 위해 전문기관에 위탁운영
* 매년 국가 간 청소년교류 참가 청소년공개 선발, 최종 선발자들에 대한 사전교육, 사후워크숍 및 사후관리실시, 청소년국제교류네트워크(jye.go.kr) 관리와 홍보담당

3. 청소년복지지원법

제1조 (목적) 이 법은 「청소년 기본법」 제49조 제4항에 따라 청소년 복지 향상에 관한 사항을 규정함을 목적으로 한다.

제4조(청소년증)
① 특별자치도지사 또는 시장·군수·구청장(자치구의 구청장을 말한다. 이하 같다)은 9세 이상 18세 이하의 청소년에게 청소년증을 발급할 수 있다.
②~④ <생략>

★★★제9조(지역사회 청소년통합지원체계의 구축·운영)
① 지방자치단체의 장은 관할구역의 위기청소년을 조기에 발견하여 보호하고, 청소년복지 및 「청소년 기본법」 제3조 제5호에 따른 청소년보호를 효율적으로 수행하기 위하여 지방자치단체, 공공기관, 「청소년 기본법」 제3조 제8호에 따른 청소년단체 등이 협력하여 업무를 수행하는 지역사회 청소년통합지원체계(이하 "통합지원체계"라 한다)를 구축·운영하여야 한다.
② 국가는 통합지원체계의 구축·운영을 지원하여야 한다.
③ 통합지원체계에 반드시 포함되어야 하는 기관 또는 단체 등 통합지원체계의 구성 등에 필요한 사항은 대통령령으로 정한다.

제5장 위기청소년 지원(제13~18조)

제13조(상담 및 교육)
① 국가 및 지방자치단체는 위기청소년에게 효율적이고 적합한 지원을 하기 위하여 위기청소년의 가족 및 보호자에 대한 상담 및 교육을 실시할 수 있다.
② 위기청소년의 가족 및 보호자는 국가 및 지방자치단체가 상담 및 교육을 권고하는 경우에는 이에 협조하여 성실히 상담 및 교육을 받아야 한다.
③ 국가 및 지방자치단체는 여성가족부령으로 정하는 일정 소득 이하의 가

족 및 보호자가 제1항의 상담 및 교육을 받은 경우에는 예산의 범위에서 여비 등 실비(實費)를 지급할 수 있다.

제14조(위기청소년 특별지원)
① 국가 및 지방자치단체는 대통령령으로 정하는 바에 따라 위기청소년에게 필요한 사회적·경제적 지원(이하 "특별지원"이라 한다)을 할 수 있다.
② 특별지원은 생활지원, 학업지원, 의료지원, 직업훈련지원, 청소년활동지원 등 대통령령으로 정하는 내용에 따라 물품 또는 서비스의 형태로 제공한다. 다만, 위기청소년의 지원에 반드시 필요하다고 인정되는 경우에는 금전의 형태로 제공할 수 있다.
③ 특별지원 대상 청소년의 선정 기준, 범위 및 기간과 그 밖에 필요한 사항은 대통령령으로 정한다.

제15조(특별지원의 신청 및 선정)
① 다음 각 호의 어느 하나에 해당하는 사람은 위기청소년을 특별지원 대상 청소년으로 선정하여 줄 것을 특별자치도지사 또는 시장·군수·구청장에게 신청할 수 있다. 이 경우 제1호 중 보호자 및 제2호부터 제5호까지의 사람은 해당 청소년의 동의를 받아야 한다.
  1. 청소년 본인 또는 그 보호자
  2. 「청소년 기본법」 제3조 제7호에 따른 청소년지도자
  3. 「초·중등교육법」 제19조 제1항에 따른 교원
  4. 「사회복지사업법」 제11조에 따른 사회복지사
  5. 지방자치단체에서 청소년 업무를 담당하는 공무원
②~③ <생략>

제16조(가정 밖 청소년에 대한 지원) ① 여성가족부장관 또는 지방자치단체의 장은 가정 밖 청소년의 발생을 예방하기 위한 교육·홍보·연구·조사 등 각종 정책을 수립·시행하여야 한다.
② 국가 및 지방자치단체는 가정 밖 청소년의 가정·사회 복귀를 돕기 위하여 상담, 보호, 자립 지원, 사후관리 등 필요한 조치를 하여야 한다.
③ 보호자는 가정 밖 청소년의 발생을 예방하기 위하여 노력하여야 하며, 가정 밖 청소년의 가정·사회 복귀를 위한 국가 및 지방자치단체 등의 노력에 적극 협조하여야 한다.

④ 여성가족부장관 또는 지방자치단체의 장은 제1항 및 제2항에 따른 가정 밖 청소년 발생 예방 및 보호·지원에 관한 업무를 청소년단체에 위탁할 수 있다.

제18조(이주배경청소년에 대한 지원) 국가 및 지방자치단체는 다음 각 호의 어느 하나에 해당하는 청소년의 사회 적응 및 학습능력 향상을 위하여 상담 및 교육 등 필요한 시책을 마련하고 시행하여야 한다.
  1. 「다문화가족지원법」 제2조 제1호에 따른 다문화가족의 청소년
  2. 그 밖에 국내로 이주하여 사회 적응 및 학업 수행에 어려움을 겪는 청소년

제7장 청소년복지지원기관(제22~30조)

제22조(한국청소년상담복지개발원)
제22조(한국청소년상담복지개발원) ① 국가는 청소년복지 관련 정책수립을 지원하고 사업을 효율적이고 체계적으로 수행하기 위하여 한국청소년상담복지개발원(이하 "청소년상담원"이라 한다)을 설립한다. (1~9호 삭제)
② 청소년상담원은 다음 각 호의 업무를 수행한다.
  1. 청소년 상담 및 복지와 관련된 정책의 연구
  2. 청소년 상담·복지 사업의 개발 및 운영·지원
  3. 청소년 상담기법의 개발 및 상담자료의 제작·보급
  4. 청소년 상담·복지 인력의 양성 및 교육
  5. 청소년 상담·복지 관련 기관 간의 연계 및 지원
  6. 청소년상담복지센터, 청소년복지시설 및 「학교 밖 청소년 지원에 관한 법률」 제12조에 따른 학교 밖 청소년 지원센터에 대한 지도 및 지원
  7. 청소년 가족에 대한 상담·교육
  8. 통합정보시스템의 운영
  9. 국가가 설치하는 청소년치료재활센터 및 「청소년 보호법」 제35조 제1항에 따른 청소년 보호·재활센터의 유지·관리 및 운영
  10. 그 밖에 청소년상담원의 목적을 수행하기 위하여 필요한 부수사업

③ 청소년상담원은 법인으로 한다.

④ 청소년상담원은 정관으로 정하는 바에 따라 분원(分院)을 둘 수 있다.

⑤ 청소년상담원은 그 주된 사무소의 소재지에서 설립등기를 함으로써 성립한다.

제29조(청소년상담복지센터)

① 특별시장·광역시장·도지사 및 특별자치도지사(이하 "시·도지사"라 한다) 및 시장·군수·구청장은 청소년에 대한 상담·긴급구조·자활·의료지원 등의 업무를 수행하기 위하여 청소년상담복지센터를 설치·운영할 수 있다.

② 제1항에 따라 특별시·광역시·도 및 특별자치도에 설치된 청소년상담복지센터는 시·군·구의 청소년상담복지센터의 업무를 지도·지원하여야 한다.

③ 시장·군수·구청장은 제1항에 따라 시·군·구에 설치하는 청소년상담복지센터를「청소년활동 진흥법」제7조 제1항에 따라 시·군·구에 설치하는 지방 청소년활동 진흥센터와 통합하여 운영할 수 있다.

④ 시·도지사 또는 시장·군수·구청장은 청소년상담복지센터를 청소년단체에 위탁하여 운영하도록 할 수 있다.

⑤~⑥ <생략>

제30조(이주배경청소년지원센터)

① 여성가족부장관은 제18조에 따른 이주배경청소년 지원을 위한 이주배경청소년지원센터를 설치·운영할 수 있다.

② 이주배경청소년지원센터의 설치·운영 등에 필요한 사항은 대통령령으로 정한다.

★★★제31조(청소년복지시설의 종류)「청소년 기본법」제17조에 따른 청소년복지시설(이하 "청소년복지시설"이라 한다)의 종류는 다음 각 호와 같다.

1. 청소년 쉼터 : 가출청소년에 대하여 가정·학교·사회로 복귀하여 생활할 수 있도록 일정 기간 보호하면서 상담·주거·학업·자립 등을 지원하는 시설

2. 청소년자립지원관 : 일정 기간 청소년쉼터 또는 청소년회복지원시설의 지원을 받았는데도 가정·학교·사회로 복귀하여 생활할 수 없는 청소년에게 자립하여 생활할 수 있는 능력과 여건을 갖추도록 지원하는 시설

3. 청소년치료재활센터 : 학습·정서·행동상의 장애를 가진 청소년대상으로
   정상적인 성장과 생활을 할 수 있도록 해당 청소년에게 적합한 치료·교
   육 및 재활을 종합적으로 지원하는 거주형 시설
4. 청소년회복지원시설 : 「소년법」제32조제1항제1호에 따른 감호 위탁 처분
   을 받은 청소년에 대하여 보호자를 대신하여 그 청소년을 보호할 수 있
   는 자가 상담·주거·학업·자립 등 서비스를 제공하는 시설

- 청소년복지 : 청소년이 정상적인 삶을 누릴 수 있는 기본적인 여건을 조성
  하고 조화롭게 성장·발달할 수 있도록 제공되는 사회적·경제적 지원을
  말한다(청소년 기본법)
- 위기청소년 : 가정 문제가 있거나 학업 수행 또는 사회 적응에 어려움을
  겪는 등 조화롭고 건강한 성장과 생활에 필요한 여건을 갖추지 못한 청소
  년을 말한다(청소년 복지지원법)

가. 한국청소년상담복지개발원

① 한국청소년상담복지개발원

청소년복지지원법 제22조 근거, 국책 상담복지 중추기관

- 대한민국 청소년의 건강한 성장(청소년 문제의 예방 및 해결 지원)을 위
  한 다양한 상담복지 사업을 수행하는 여성가족부 산하 준정부기관
- 전국 시·도 및 시·군·구의 청소년상담복지센터와 학교밖청소년지원센
  터를 총괄하는 중추기관

△ 한국청소년상담복지개발원 산하 기관
   - 각 지역 청소년상담복지센터
   - CYS−Net(지역사회청소년통합지원체계)를 구축, 운영
   - 학교밖 청소년 지원센터(꿈드림)
   - 국립청소년인터넷드림마을

Tip - 한국청소년상담복지개발원(청소년 복지지원법 제22조)의 사업내용
- 청소년 상담 및 복지와 관련된 정책의 연구
- 청소년 상담·복지 사업의 개발 및 운영·지원
- 청소년 상담기법의 개발 및 상담 자료의 제작·보급
- 청소년 상담·복지 인력의 양성 및 교육
- 청소년 상담·복지 관련 기관 간의 연계 및 지원
- 지방자치단체 청소년복지지원기관의 청소년 상담·복지 관련 사항에 대한 지도 및 지원
- 청소년 가족에 대한 상담·교육
- 청소년에 관한 상담·복지 정보체계의 구축·운영
- 그 밖에 청소년상담원의 목적을 수행하기 위하여 필요한 부수사업

나. 시·도 청소년상담복지센터

- 청소년복지 지원법 제 29조 및 시행령 제14조에 의거하여 설치, 운영되고 있으며 시·도 청소년상담 및 긴급구조 등의 중심적인 역할
- 시·도 청소년상담복지센터 : 광역자치단체의 청소년상담전문기관, 시·군·구 청소년지원센터와 연계하여 1388, CYS-Net, 청소년동반자프로그램, 아웃리치 등의 사업을 운영

① 사업목적

- 청소년상담, 긴급구조, 자활, 의료지원 등 통합지원 서비스 제공
- 청소년의 건강한 성장 및 복지증진을 도모하는 것

② 운영내용

- 이용대상 : 9세 이상 24세 이하의 청소년, 부모님, 선생님 등
- 운영시간 : 24시간, 365일 운영
- 센터의 규모

- $200m^2$ 이상의 독립된 공간
- 시설 : 사무실, 상담대기실, 집단상담 및 심리검사실, 전화 등 상담실, 교육실이 각 1개소 이상, 개인상담실은 3개 이상
- 이용자 수에 적합한 화장실, 세면장
- 수행하는 사업의 수와 같은 수의 분리된 공간으로 된 사업실
- 5명 이상의 직원으로 운영하되, 1명 이상의 청소년상담사 필수

③ 서비스 제공

- 서비스 제공 방법
  - 지역사회 청소년 사회안전망의 관문
  - 각 지역의 정부기관, 경찰, 학교, 병원 등 다양한 기관과 연계
  - 청소년이 처한 문제를 원인부터 구체적인 해결책까지 원스톱서비스 지원
  - 전화번호 1388, 휴대전화 #1388로 문자, 인터넷을 통한 사이버 상담, 카카오톡 서비스 등
- 서비스 제공 내용
  - 상담서비스: 내방상담, 전화상담, 집단상담, 인터넷상담, 각종 심리검사 등
  - 지역사회 청소년통합지원체계(CYS－Net) 운영
  - Help Call 청소년 전화 1388 운영
  - 청소년동반자(YC) 프로그램 운영
  - 위기청소년 자립지원 프로그램인 두드림존 사업
  - 청소년의 고민과 애로사항(대인관계, 진로상담 등)
  - 청소년이 위험(폭력, 가출, 학대 등)에 처했을 때
  - 긴급구조이 필요하거나 인터넷 중독 등 어려움이 있을 때
  - 유해환경 신고가 필요할 때
  - 청소년과 관련된 모든 문제에 있어 특별한 도움이 필요할 때 이용
  - 상담, 자원봉사, 참여 등에 대해서도 정보제공 및 안내

> - 시·도 센터의 시설규모는 연면적 $400m^2$ 이상, 개인상담실 5개 이상, 14 명 이상의 직원, 3명 이상의 청소년상담사를 반드시 두어야 합니다.
> - 근거법령 ▶ 청소년 복지지원법 제29조(청소년상담복지센터)
>   ① 특별시장·광역시장·도지사 및 특별자치도지사(이사 "시·도지사"라 한다) 및 시장·군수·구청장은 청소년에 대한 상담·긴급구조·자활· 의료지원 등의 업무를 수행하기 위하여 청소년상담복지센터를 설치· 운영할 수 있다.

다. 지역사회청소년통합지원체계 CYS-Net(Community Youth Safety -Net)

① 정의

- 지역사회 위기청소년을 지원하는 원스톱 맞춤형 시스템
- 보호·교육 등 서비스 제공함으로써, 가정 및 학교, 사회로의 복귀를 지원

② 목적

- 지역사회 내 청소년 관련 자원을 연계하여 학업중단, 가출, 인터넷 중독 등 위기청소년에 대한 상담·보호·교육·자립 등 맞춤형 서비스 제공을 통해 가정·사회로의 복귀를 지원하는 것
- 지역사회 청소년관련 기관 간의 네트워킹을 통한 통합지원체계 구축과 전화상담, 구조, 보호, 치료, 자립, 학습 등의 서비스 제공을 통해 위기 청소년의 건강한 성장과 삶의 역량을 강화하는 것

③ 사업운영

- 대상 : 일반청소년 및 위기(가능)청소년
- 서비스 제공 기관 : 전국 청소년상담복지센터
- CYS-Net은 발견 ▶ 개입 ▶ 통합서비스 제공 순으로 운영

④ **사업내용**

- 맞춤형 서비스 제공
  - 아웃리치를 통한 위기청소년 조기발견
  - 지역연계협력사업

- 위기청소년 상담(위기청소년 상담지원, '학업중단숙려제' 운영 등)
- 긴급지원 서비스 제공(일시보호시설 입소 청소년이 성폭력, 자해, 폭력 피해 등으로 긴급한 지원이 필요한 경우 치료 등에 따른 의료비, 교통비, 식비 등을 지원)
- 통합지원 서비스 연계

  - 청소년상담 및 활동지원
  - 청소년전화 1388운영

- 이용자의 문제와 요구를 정확히 파악하여 서비스를 제공
- 종합상담전화로서 심각성 정도를 평가
- 맞춤형 서비스 제공(분류)
  - 일반상담(이용자가 원하는 정보 제공)
  - 위기상담(긴급구조 및 현장 케어)
  - 신고전화(실질적인 단속 및 행정조치가 이루어질 수 있도록)

  - 위기청소년 긴급 구조 활동

- 위기청소년 발견 : 청소년상담복지센터 및 청소년상담채널(청소년전화 1388, 모바일문자상담, 사이버상담) 등을 통한 위기청소년 발견
- 일시보호소 운영(시·도만 운영) : 가출, 성매매, 가정 및 학교폭력, 약물중독 등으로 위기상황에 노출된 위기청소년(만 9~18세)을 보호하되, 보호기간은 입소일로부터 24시간 이내를 원칙으로 하고 특별한 사유가 있는 경우에는 최장 1주일까지 보호 가능

- 일시보호시설운영
- 교육
- 자립

- 청소년 통합지원 서비스의 지원 내용

위기 유형	지원 내용
가출	의식주 지원: 청소년쉼터 연계, 가정·사회 복귀 지원
학교 밖 청소년 지원	학교 밖 청소년 지원센터 연계, 학업중단숙려제 운영
인터넷 중독	인터넷 치유학교 연계, 인터넷 중독 상담 전담인력 배치
학교폭력 (가해·피해 청소년)	심층·집단 상담 및 또래상담 연계, 가족관계개선 사업 등
고(高)위기 청소년	청소년 동반자 연계
경제적 지원	학비, 생활비 등 청소년 특별지원

⑤ 연계 및 지역자원

- 청소년상담복지센터가 허브(HUB) 역할 담당한 통합지원 네트워크
- 지역사회 내의 활용 가능한 청소년 시설과 단체, 병원, 학교, 교육청, 경찰관·서, 119센터 등의 공공기관, 지방자치단체 등
- 제공서비스
  - 상담 및 정서적 지원
  - 사회적 보호
  - 진로 및 취업 지원
  - 여가 및 문화활동 지원
  - 법률자문 및 권리구제
  - 의료 및 건강 지원
  - 교육 및 학업 지원 등

- 학업중단, 가출, 인터넷중독 등 위기 청소년에 대해 상담, 보호, 의료, 자립등을 지원
  - 중·고등학생인 위기청소년에게는 '청소년동반자'
  - 가출 청소년에게는 '청소년쉼터'
  - 인터넷 중독인 청소년에게는 '인터넷 중독 치유프로그램'
  - 학교 밖 청소년에게는 '학교 밖 청소년 지원센터'

- 연계 및 지역자원

기관 유형	지역자원
필수 연계기관 (1차 연계망)	지방자치단체, 청소년상담복지센터, 청소년복지시설 및 지원시설, 학교, 교육청, 경찰관서, 노동관서, 공공보건의료기관, 보건소 등
1388 청소년지원단	위기청소년을 조기 발견하고 원활히 보호하기 위한 자발적 참여조직
학교지원단	학교에서의 지원센터 상담 의뢰 활성화

△ **1388청소년지원단**

- CYS−Net의 일부분
- 위기청소년을 조기에 발견하고, 위험에 노출된 청소년을 긴급구조, 치료과정에서의 상담 등 다양한 서비스를 위기 청소년들에게 제공
- 지원단은 지역사회 약국, 병원, PC방, 노래방, 택시회사, 학원, 자원봉사자, 변호사, 교사, 기타 청소년 관련 기관 등 민간 차원의 자발적 참여조직
- 필수 연계기관은 제외
- 하부지원단 : 발견·구조, 의료·법률, 복지, 상담·멘토 등
- 지역 상황에 따라 각 하부지원단에 연계기관을 두지 않을 수 있음
- 1388청소년지원단 구성

지원단	참여 기관의 성격
발견·구조지원단	운수업체, 목욕장업체, PC방 등 청소년을 발견하여 연계하는 기관
의료·법률지원단	병·의원, 의사 개인, 약국, 의료단체 등 약품·의료 서비스 제공 기관 법률회사, 변호사 개인, 변리사 등
상담지원단	성폭력상담소 등 상담서비스를 제공하는 기관
복지·보호지원단	후원사연결 등 복지관련 서비스를 제공하는 기관, 아동복지시설 등 청소년에 대해 사회적인 보호서비스를 제공할 수 있는 기관
자활지원단	직업훈련지원, 자립지원관, 취업지원, 학습지원, 경제(후원)지원이 가능한 기관
멘토지원단	학부모, 또래, 전문직, 대학생 등으로 개인적 지지체계를 구성할 수 있는 개인 또는 그룹

△ 청소년 아웃리치(Out-reach) 서비스

- 2차적 문제행동(유해환경)에 빠지게 될 가능성이 높아 초기 집중구호 제공하는 활동
- 청소년을 직접 찾아가 심리검사 및 상담 서비스를 제공
- 가출청소년을 조기 발견해 가정복귀를 돕거나 쉼터보호 등 다양한 지원 제공
- 청소년에게 필요한 서비스를 지역 내 유용한 자원들을 활용하여 비행·폭력 노출, 약물중독, 성관련 문제 등을 원만히 해결할 수 있도록 도움

△ 멘토링

- 정의 : 소외계층 초, 중, 고 청소년을 멘티로, 대학생 멘토와 연계하여 청소년의 건강한 성장을 돕는 교육지원 프로그램
- 기초학습 및 교과지도, 특기. 적성지도, 학교생활상담 등을 지원
- 멘토와 멘티
  • 멘토 : 경험과 지식이 풍부한 사람, 지도역할, 도움을 주는 역할
  • 멘티 : 도움을 받는 사람

- 멘토링의 장단점
  - 장점
    * 유대관계형성으로 정서적 안정
    * 새로운 지식과 기술 습득
  - 단점
    * 유대관계가 깨졌을 때 상처를 받기 쉬움
    * 자립의지가 약해질 수 있음.
- 멘토링의 예시
  - 청소년문제 발생의 차단과 치유
    멘토 : 지역사회 자발적 참여조직(1388청소년지원단)
    멘티 : 위기 청소년
  - 계층 간 교육격차 해소 (관계형성, 학습 및 인성지도)
    멘토 : 지역사회 내 대학생
    멘티 : 소외계층 초, 중, 고 청소년

라. Wee 프로젝트

① 정의

- 학교, 교육청, 지역사회가 연계하여 학생들의 건강하고 즐거운 학교생활을 지원하는 다중의 통합지원 서비스망
- 학습부진 및 학교부적응 학생뿐만이 아닌 일반 학생들도 Wee프로젝트를 통해 행복한 학교생활을 할 수 있도록 지원
- 위기학생을 돕는 전문적인 상담기관인 Wee프로젝트는 도움이 필요한 학생에게 진단, 상담, 치유의 일대일 원스톱 서비스를 제공

② Wee 프로젝트의 운영

- 교육부에서 지원하는 조기 개입체계 구축
- 학교 내(Wee 클래스), 지역교육청(Wee센터), 대안학교(Wee스쿨)

③ 사업내용

- 학업중단 위기의 청소년 지원 및 연계
- 청소년 멘토링 서비스
- 학교 부적응 및 학업중단 청소년을 위한 학습역량강화 프로그램 운영
- 학업능률 저하 청소년이 기초학습능력을 갖출 수 있도록 '학습클리닉' 실시

④ CYS-Net과 Wee센터의 비교표

구분	CYS-Net	Wee센터
주관부처	청소년정책을 주관하는 여성가족부	학교정책을 담당하는 교육부
명칭	지역사회청소년통합지원체계망	학생상담지원센터
대상	학교부적응 등 사유로 장기결석중인 학생과 학업을 중단한 청소년	학습부진학생, 학교부적응 학생 및 위기학생(일반학생 포함)
사업내용	시·도 및 시·군·구 청소년상담지원센터에서 경찰, 청소년쉼터, 1388청소년지원단, 의료기관, 등 관련 기관과 연계하여 청소년에 대한 상담·긴급구조·보호·치료·자활·학업지원 등 맞춤형 서비스를 제공	교육지원청을 중심으로 학교, 지역사회가 협력하여 위기학생에 대해 진단, 상담, 치유에 대한 원스톱 서비스를 제공
공통점	- 지역사회와 연계하여 위기 청소년에 대한 위기 예방, 보호, 치유를 통한 사회나 학교로의 정상적 복귀를 지원함 - 청소년을 위한 건전한 인터넷 문화 조성과 청소년 인터넷 게임 중독 예방·치료, 청소년 유해약물 방지 및 학교주변 유해환경 개선을 위해 공동 협력	

마. 청소년동반자 (YC: Youth Companion)

① 정의

- 청소년 관련 자격증(청소년상담사·청소년지도사·사회복지사·상담심리사·임상심리사·직업상담사 등)을 소지하고 상담·사회복지 현장 근무경력이 있는 전문가로서 위기청소년들에게 찾아가서 서비스를 제공하는

사람들

② **목적**

– 청소년에게 직접 찾아가 심리적·정서적 지지와 함께 지역사회 자원 연계서비스를 제공함으로써 건전한 성장을 지원
– 중·고 위험군 청소년에게는 찾아가는 1:1 상담지원 서비스로 문제해결에 도움을 줌으로써 위기요인을 개선
– 위기청소년을 위해 지역사회의 청소년 협력자원을 발굴·연계
– 지속적인 관계를 형성하고 지원하는 것
– 필요시 다양한 심리검사, 성격검사, 적성검사를 통해 청소년문제에 대한 이해를 도움
– 청소년이 가진 장점이나 자원을 발견함으로써 청소년당사자뿐 아니라 학부모들에게도 많은 도움이 되는 프로그램

③ **청소년동반자 프로그램 진행**

– 주요 대상 : 위기(가능성이 있는) 청소년
– 주요 문제
  • 성, 도벽, 약물, 가출 등의 비행 관련 문제
  • 왕따, 집단폭력, 무단결석 등의 학교부적응
  • 부모방임, 가정폭력 등의 위기가정 청소년
  • 자살, 자해, 인터넷 중독 등
– 청소년동반자 프로그램 신청방법
  • "청소년전화 1388"로 전화하거나, 가까운 청소년상담복지센터 방문 신청

④ **청소년동반자 프로그램 내용**

– 찾아가는 상담지원 : 위기청소년이 있는 현장으로 동반자가 직접 찾아가 청소년의 심리문제를 전문적으로 상담

– 정서적 지원 : 위기청소년과의 지속적인 만남을 통한 정서적 지지
– 생활지원 연계 : 위기청소년의 생활환경에서 필요한 숙식, 교육, 의료, 보건, 법률, 여가, 직업훈련, 취업 등의 문제해결을 위한 지역자원 연계
– 프로그램지원 연계 : 위기청소년의 욕구와 필요에 맞는 학습체험·체육· 문화체험, 자기 계발 및 자존감 향상 프로그램 지원 및 연계

바. 청소년복지시설

① 청소년쉼터

– 정의
  • 가출청소년에 대하여 가정·학교·사회로 복귀하여 생활할 수 있도록 일정 기간 보호하면서 상담·주거·학업·자립 등을 지원하는 시설
– 목적
  • 청소년 위기상황 조기개입으로 청소년 가출 예방
  • 가출청소년을 위한 쉼터 운영으로 일시적 생활지원
  • 가정·사회로의 복귀
  • 학업 및 자립을 지원
– 서비스 대상 : 위기청소년 및 가출청소년
– 역할
  • 가출청소년의 일시보호 및 숙식제공
  • 가출청소년의 상담·선도·수련활동
  • 가출청소년의 학업 및 직업훈련 지원활동
  • 청소년의 가출예방을 위한 거리상담지원(아웃리치) 활동
  • 그 밖에 각 활동에 따른 청소년복지지원에 관한 활동
  • 지역사회 청소년통합지원체계(CYS－Net)와의 연계협력 강화
    ※ 청소년쉼터는 CYS－Net의 필수 연계기관임
  • 청소년전화 1388과 청소년상담복지센터와의 연계를 통한 상담 및 보호

서비스 확충

- 사업내용

  • 청소년 가출예방을 위한 홍보, 민간협력사업 추진, 선도프로그램 개발 및 종사자 역량강화 교육 실시

  • 가출청소년에 대한 일시적인 생활지원, 상담 및 심리치료, 가정·사회 복귀, 중장기적인 자립지원을 위한 청소년쉼터 운영지원

- 종류

구분	일시쉼터	단기쉼터	중장기쉼터
보호기간	24시간~7일 이내 일시보호	3개월 이내 단기보호 3개월씩 2회까지 연장 가능 (최장 9개월)	3년 이내 중장기 보호 1회 1년에 한해 연장 가능 (최장 4년)
이용대상	가출·거리배회·노숙 청소년	가출청소년	가출청소년
핵심기능	일시보호 거리상담지원(아웃리치)	심리·정서 상담지원 사례관리를 통한 연계	심리·정서 상담지원 사회복귀를 위한 자립지원

② **청소년자립지원관**

- 일정 기간 청소년쉼터의 지원을 받았는데도 가정·학교·사회로 복귀하여 생활할 수 없는 청소년에게 자립하여 생활할 수 있는 능력과 여건을 갖추도록 지원하는 시설

③ **청소년치료재활센터**

- 학습·정서·행동상의 장애를 가진 청소년을 대상으로 정상적인 성장과 생활을 할 수 있도록 해당 청소년에게 적합한 치료·교육 및 재활을 종합적으로 지원하는 거주형 시설

사. 청소년복지지원 정책

① 청소년증

- 정의 : 만 9세~만 18세(만 19세 미만) 청소년을 대상으로 청소년증을 발급하는 사업
- 목적
  - 모든 청소년에게 해당 연령에 대한 신분 확인(은행거래, 외국어시험, 검정고시, 각종 경시대회 등에서 신분증으로 사용)
  - 교통수단·문화시설 등에서의 할인 혜택 제공(버스 등 교통수단, 영화관, 미술관, 박물관 등 문화시설, 놀이공원이나 체육시설 등)
  - 생활의 편의 및 다양한 문화 체험 기회를 보장
- 근거 : 청소년복지 지원법 제3조 및 제4조
- 발급대상 : 만 9~18세 이하 청소년
- 발급권자 : 특별자치도지사 또는 시장·군수·구청장
  - 가까운 시청·군청·구청 또는 읍·면·동(자치센터)에서 신청
- 청소년 우대 제도 현황
  - 수송시설 : 버스(고속버스 제외)·지하철 20%, 여객선 10%
  - 영화관 : 500~1,000원 등 / 박물관 : 면제~50% 내외 / 미술관: 30~50% 내외 / 공연장(자체기획공연): 30~50% 내외
  - 궁·능 : 50% / 공원 : 면제~50% 내외 / 유원지 : 30~50% 내외(상기 할인혜택은 지자체 등의 사정에 따라 차이 있음)

② 디딤씨앗통장

- 정의
  - 보건복지부에서 빈곤의 대물림을 예방하고 자립지원을 돕기 위한 통장
  - 만 18세 이후 시설을 떠나 혼자서 자립할 수 있게 될 때 도움
- 대상 : 요보호아동(시설보호, 가정위탁, 소년·소녀가정, 공동생활가정,

장애인, 시설에 있는 아동)

- 통장의 용도 : 학자금, 주거마련, 취업훈련 등의 목적으로만 사용이 가능 (한도는 3만원, 아동이 3만원을 저금하면 국가에서 3만원을 지원하여 월 에 총 6만원이 모아지는 자립통장)

③ 드림스타트사업

- '아동통합서비스지원'
- 정의 : 빈곤아동을 대상으로 한 집중적이고 예방적인 인적자본 개발을 통해 공평한 출발의 기회를 보장해 나가는 아동정책
- 지원 연령 : 저소득층 임산부, 0~12세 아동
- 목표 : 아동 발달영역(신체/건강, 인지/언어, 정서/행동) 및 발달연령을 고려한 전문화된 서비스 지원을 통한 전인적 발달 도모
- 서비스 : 건강검진, 영·유아 교육, 임산부 산전·산후관리, 정신건강 지 원서비스, 방과 후 공부방, 독서지도, 학습지 지원, 아동 권리와 안전교 육, 예·체능 교육 지원, 비만·아토피 관리 교육, 문화체험 활동, 부모교육

- 빈곤아동의 신체적·정서적·사회적 능력 등 전인적 발달을 지원하는 새 로운 형태의 사전 예방적. 통합적 아동보호 서비스
- 기존 서비스와의 차이점 : 기존 아동복지서비스가 사후관리 서비스에 치 중되어 있다면, 드림스타트사업은 사전 예방적이고 통합적 아동보호서비 스로 능동적 복지를 구현

아. 청소년과 인터넷·스마트폰

① 정의

- 인터넷 중독
  - Goldberg(1996) 인터넷 사용을 통해서 내성(tolerance), 금단현상 (withdrawal), 갈망(craving), 삶의 부정적인 영향(직업상실, 재정적 어

려움, 대인관계 장애 등)이 나타날 때 인터넷 중독으로 봄

- 현실 속에서 억제되었던 욕구를 분출시키기 위해 인터넷을 이용
- 학습에 이용하기도 하지만, 게임, 메신저, SNS, 연예인 정보수집 등으로 활용
- 실제 세계에서 충족시키지 못하는 욕구를 인터넷에서 충족
- 실제 친구뿐 아니라 가상세계의 인간관계 형성
  → 인터넷 중독을 벗어나기 위해서는 무엇보다 부모의 관심과 노력이 필요
- 청소년상담복지센터 : 인터넷 중독 예방·상담
- 정신건강복지센터 및 치료협력 병원, 인터넷 치유학교 등을 통한 치료 서비스 지원
- 음란물 중독
  - 음란물을 통해 지속적으로 자극을 받는 것을 원함
  - 자기통제력이 낮은 청소년들이 중독될 위험이 높음
    → 주변관계에서 지속적으로 지지를 받고 대인관계 훈련이 필요
  - 자기 행동조절하고 행동조절에 자신감을 갖을 수 있도록 함
  - 국가적 차원 : 인터넷 환경 개선(음란물 차단과 같은 소프트웨어 개발과 설치), 부모 대상 지속적인 홍보와 교육
- 게임 중독
  - 원인 : 게임자체의 특성, 청소년의 심리적 부분, 사회적 분위기
    → 자기 행동조절하고 행동조절에 자신감을 갖을 수 있도록 함

② **청소년 인터넷·스마트폰 중독 예방 및 해소 지원사업**

- 추진목표 : 청소년 인터넷(게임) 중독 예방 및 해소를 위한 단계적·체계적 대응 강화
- 추진체계 : 청소년상담복지센터를 중심으로 정신건강복지센터, 건강가정센터, 치료협력병원, 청소년상담사로 구성된 980여 명의 청소년 동반자(YC)의 사후관리 등을 통해 종합적인 연계서비스 제공

- 서비스 대상자 : 만 19세 미만 청소년으로 상담·치료지원 등 주요 서비스는 전체 청소년을 대상
  - 기준중위소득 50% 이하 가정, 한부모가정, 소녀노녀가장 등 취약계층은 CYS-Net 실행위원회 또는 사례판정위원회에서 우선 지원을 결정
- 사업내용
  - 청소년 인터넷 중독의 조기 발굴 강화
    * 매년 학령전환기(초등4, 중1, 고1) 청소년 대상 인터넷 이용습관 진단 전수조사 실시
  - 인터넷 중독 위험수준별 맞춤형 상담·치료 연계 서비스 운영
    * 청소년상담복지센터 등 관계기관 연계를 통한 상담 및 치료프로그램 운영 지원
    * 기숙형 치료학교(인터넷 RESCUE스쿨), 가족치유캠프 등 치유특화 프로그램 운영

사업내용	사업운영
인터넷중독 상담	청소년 상담전화(1388), 모바일 상담(#1388) 및 시·도 청소년상담복지센터를 통한 상담서비스 제공
인터넷중독 기숙형 치료학교 "인터넷 RESCUE스쿨" 운영	·중·고등학생 청소년 대상 ·11박 12일
"가족 치유 캠프"운영	·초등학교 고학년 청소년 대상(부모 동반) ·2박 3일＋사후관리

- 사업 운영시 유의할 점
  - "인터넷 중독", "스마트폰 중독" 용어에 대한 거부 정서가 있을 수 있음
  - 가급적 중독이라는 용어 사용을 지양하고 "인터넷 과다사용", "스마트폰 과다사용" 등으로 사업명과 프로그램명을 순화하여 사용

③ 국가적 차원에서의 인터넷 중독 관련 기관

- 국립청소년인터넷드림마을
  - 설립목적 : 인터넷·스마트폰 과다사용 청소년을 대상으로 심리·정서적 치료 및 상담, 대안활동 등 종합적·전문적 치유 프로그램 제공을 통해 인터넷·스마트폰 과다사용 해소 및 청소년의 건강한 성장을 지원하는 것
  - 운영주체 : 여성가족부가 전라북도 무주군, 한국청소년상담복지개발원이 위탁운영
  - 프로그램 진행 : 일반프로그램(1~2주), 심층프로그램(3~4주)
    * 참가비용은 없고, 식비 중 일부만 부담(차상위계층 이하는 면제)
  - 주요 서비스
    * 과다사용 청소년에 대한 심리·정서적 전문치료 및 재활서비스를 제공하는 심리검사
    * 과다사용 문제를 청소년 스스로 인식하고 해결할 수 있는 동기를 고취시키는 개인 상담
    * 과다사용의 부정적 영향 및 자신에게 맞는 해결방법 모색 및 진로탐색 등을 하는 집단상담
    * 가족 내의 과다사용 위험요인 파악 및 해결 방안을 제시하는 가족상담
    * 인터넷 과몰입에 빠지게 된 근본 원인 및 효과적 대처법을 교육하는 부모교육
    * 대안활동 : 오리엔티어링, 래프팅, 트레킹, 천체관측 등의 체험활동, 축구·농구·탁구 등 체육활동, 농작물 가꾸기 등

구분	내용
심리검사	과다사용 청소년에 대한 심리·정서적 전문치료 및 재활서비스 제공
개인상담	과다사용 문제를 청소년 스스로 인식하고 해결할 수 있는 동기 고취
집단상담	과다사용의 부정적 영향 및 자신에게 맞는 해결방법 모색 및 진로탐색 등
가족상담	가족 내의 과다사용 위험요인 파악 및 해결 방안 제시
부모교육	인터넷 과몰입에 빠지게 된 근본 원인 및 효과적 대처법 교육
체험활동	오리엔티어링, 래프팅, 트레킹, 천체관측 등의 체험활동
대안활동	체육활동(축구·농구·탁구 등), 농작물 가꾸기 등 인터넷 대안활동

- 청소년 인터넷 레스큐스쿨
  - 인터넷 중독 청소년 대상 기숙치료 프로그램(11박 12일 과정)
  - 인터넷이 차단된 환경에서 전문상담, 심리검사, 수련활동, 가족참여 활동 등 다양한 프로그램 실시
- 서울시 인터넷 중독 예방치료센터(I Will센터)
  - 인터넷 중독 상담, 치료, 사후관리를 하는 전문기관

△ 여성가족부 인터넷 중독 대응정책

- 청소년스스로 지킴이운동 등 미디어교육프로그램 확대보급
- 한국청소년상담원중심으로 청소년지원(상담)센터를 연결하여 예방상담 기반을 구축
- 심각한 인터넷 중독 치료재활을 위해 전구의 정신보건센터 및 치료협력병원 연계를 통한 치료서비스 지원

자. 다문화 청소년

① 다문화 청소년 정책의 개요

- 다문화 청소년의 정의
  - 결혼이민자의 자녀 중 청소년
  * 결혼이민 전 출생한 자녀를 데리고 오는 경우 : 중도입국청소년
  - 북한이탈주민(새터민) 중 청소년
  - 우리나라의 국적을 취득한 자의 자녀 중 청소년
- 정책 목적 : 이주배경(북한이탈·다문화) 청소년의 사회적응 및 문화통합을 위해 체계적인 서비스 체계를 구축, 통합적·단계적으로 지원

② 다문화 청소년 초기 지원정책

- 레인보우 체험학교
  - 비교문화 체험학습 : 탈불청소년 대상으로 1박 2일 일정으로 매월 1회 진행
  - 일상생활체험 및 문화체험활동 실시 : 지역사회 정착에 대한 불안 및 위축감을 해소하고 사회적응에 대한 자신감 증진
- 중도입국청소년 초기지원 사업
  - 입국초기 청소년들의 일반학교 편·입학, 취업교육 연계 등 원활한 초기정착을 지원하는데 목적
  - 한국 생활에 가장 필요한 기본적인 정보 제공과 한국어 교육 및 사회적 관계 향상 프로그램 등
- 이주배경 청소년 진로지원 프로그램
  - '무지개 잡(job)아라'라는 이주배경 청소년을 위한 진로탐색 프로그램
  - 직장생활을 위한 중급 한국어, IT 초급과정, 직업탐색 및 소양교육, 경제생활의 이해, 직업 및 직장 탐방, 인턴십 등을 내용으로 하여 약 10주간의 과정으로 구성 프로그램 수료 이후에도 지속적인 사후관리를

통해 취업과 진로를 고민하는 중도입국청소년들을 지원

△ **무지개 청소년 센터(이주배경 청소년 지원재단)**

- 청소년복지지원법 제18조에 따른 이주배경청소년(탈북청소년, 다문화청소년, 중도입국청소년 등)을 지원하고 더불어 살아가는 다문화 사회를 만들어가는 비영리 재단법인
- 이주배경청소년과 함께 만드는 공존과 통합의 다문화 한국 사회 실현을 비전
- 목적 : 인권 및 지역에 기반한 이주배경청소년 정착·통합지원, 청소년 다문화 역량 강화, 다문화 사회를 선도하는 청소년 정책 개발 및 제언
- 주요 과제 : 이주배경청소년 지원 및 역량개발, 청소년의 다문화 감수성 제고, 정책 및 프로그램 개발
- 이주배경청소년 초기적응 지원 프로그램(Rainbow School)을 통해 한국어교육, 한국생활, 교우관계 등 프로그램 운영
- 후반기 이주배경청소년 사회진출 지원을 위한 맞춤형 진로교육 및 직업훈련 과정 운영

---

③ **다문화 청소년 통합 지원정책**

- 이주배경 청소년 상담 및 사례관리
  - 이주배경청소년들의 건강한 성장 및 안정적 지역 정착 지원을 위한 상담과 사례관리를 실시
  - 서비스의 사각지대에 위치하거나 긴급한 상황에 처한 이주배경청소년들의 특성이나 상황을 고려하여 신속하고 정확한 온·오프라인 정보 제공 및 개별·집단 상담을 진행
- 이주배경 청소년 통합 캠프
  - '통통 튀는 친구 꿈으로 소통하다'를 주제로 전국에 거주하고 있는 14~19세 이주배경청소년과 일반청소년을 대상으로 자신들의 꿈을 공유하는 2박 3일 캠프
  - 이주배경청소년과 일반청소년이 건강한 또래관계를 형성 및 나눔활동

을 통해 서로 소통하는 방법을 배울 수 있도록 교류활동 제공
- 이주배경청소년 멘토링
  • 이주배경청소년들의 교육격차 해소 및 심리·정서적 안정과 자존감 향상을 위해 서울, 경기 지역에 거주하는 이주배경청소년 50명을 대상으로 멘토를 활용한 학습, 예체능, 특기적성, 정서지원
  • 이주배경청소년 교육지원단 조직을 통해 이주배경청소년(멘티)과 자원봉사자(멘토) 1:1 매칭을 통한 학습지원 등 제공
- 이주배경청소년 정보제공
  • 이주배경청소년들의 원활한 정착을 위하여 체류 및 국적 취득, 교육, 취업 관련 정보 등을 비롯하여 한국의 사회·경제·문화 전반에 관한 다양한 기본적인 정보
- 중도입국청소년 가족 역량 강화 프로그램
  • 이주배경청소년들이 건강한 가족관계 속에서 가족의 지지와 신뢰를 받으며 건강한 구성원으로 성장할 수 있도록 지원하기 위해 중도입국청소년 가족역량 강화 프로그램 개발하고 가족통합캠프를 운영

④ **다문화 청소년을 위한 정책**

- 청소년을 위한 다문화 감수성 증진 프로그램
  • 청소년들의 인권 및 민주시민 의식을 향상시킬수 있는 다문화 감수성 증진 프로그램을 개발하고 실행
  • 다양한 문화적 환경 속에서 다른 사람들과 잘 소통하고 어울릴 수 있는 방법
  • 문화 차이에 대한 민감성인 다문화 감수성을 높일 수 있는 프로그램
- 다문화 청소년 통합 회의
  • 이주배경청소년의 사회 통합을 위한 구체적인 고민과 논의를 통해 청소년들과 함께 하는 자리를 마련
  • 이주배경청소년과 일반청소년이 함께 모여 이주, 다문화, 통합과 관련한 사회적 현황과 함께 살아가는 사회를 위한 더 좋은 방안 고민

- 이주배경청소년 지원 전문가 양성 과정
  - 전국의 청소년 관련기관 실무자 및 관심을 갖고 있는 일반인들을 대상으로 역량 및 전문성을 강화하기 위하여 이주배경청소년 관련 대상별 맞춤형
- 교육을 실시
  - 이주배경청소년 지원 인력풀을 확대할 뿐 아니라, 실무자들이 경험을 공유하고 네트워크를 형성하여 이주배경청소년들에게 체계적이고 전문적인 지원을 가능
  - 이주배경청소년 중에서도 사회적 이슈로 부각되고 있는 중도입국청소년, 무연고 탈북청소년, 제3국 출생 북한이탈주민 자녀와 관련된 정보제공 및 교육을 진행
  - 이주배경청소년 자원 활동가들에 대한 사전교육 프로그램을 개발
  - 이주배경청소년 지원사업의 자원활동가 및 실무자들이 효율적으로 활동할 수 있도록 맞춤형 매뉴얼로 구성(실무에 직접적으로 도움이 되는 자료로 활용이 극대화)
- 청소년 활동가 양성 프로젝트
  - 이주배경청소년과 일반청년과의 교류를 통해 다름과 차이를 인정하는 다문화 감수성을 함양
  - 청년들의 자발적이고 적극적인 참여를 통해 이주배경청소년에 대한 이해의 폭을 넓힐 뿐 아니라 다양한 그룹활동으로 자아성장의 기회를 가지며 다문화사회의 건강한 리더로 성장할 수 있는 장을 마련
  - 청년활동가들은 다문화 사회 및 이주배경청소년에 대한 사회적 인식을 개선하는데 중추적인 역할
- 이주배경청소년 기초연구 및 정책 토론회
  - 이주배경청소년의 현황과 사회적 욕구를 연구·분석하여 선도적인 정책을 제안
  - 연구결과를 기반으로 정책토론회를 개최하여 이주배경청소년의 안정적으로 사회에 정착할 수 있는 기틀을 마련

- 다문화 및 이주배경청소년 관련 기관에 정보를 제공하여 현장 활동 및 정책입안에 기초자료로 활용
- 홍보 및 정보제공
  - 이주배경청소년 지원 전문기관으로 이주배경청소년 관련 종합정보서비스망을 운영
  - 다양한 정보를 제공하고 홍보함으로써 다문화사회에 대한 사회적 인식을 개선하며 소통의 장을 마련
  - 이주배경청소년에 대한 일반인들의 인식개선을 위해 '다문화감수성 증진 프로그램' 개발 및 교육
  - 이주배경청소년 관련 정책토론회 개최 등 관련 홍보 및 캠페인

△ 특별지원

- 목적 : 위기상황에 노출되어 사회·경제적 지원이 필요한 청소년 중 다른 법 및 제도를 통해 지원을 받지 못하는 청소년에 대하여 1~2년간 기초적인 생활·건강·학업·자립 등을 지원하는 제도
- 서비스 대상 : 만 9세 이상 18세 이하의 위기청소년 중 가구소득인정액을 고려하여 지원대상 선정
- 소득기준 : 가구소득인정액이 최저생계비의 180% 미만인 자(단, 생활·건강 지원은 최저생계비의 150%미만)
- 서비스 지원 내용 : 생활, 건강, 학업, 자립, 상담, 법률, 활동지원
- 신청방법 및 지원절차
  - 청소년 본인 또는 보호자, 청소년상담사, 청소년지도사, 사회복지사, 교원, 그 밖의 관계인이 주소지 관할 시·군·구청에 신청
  - 시·군·구청의 가구소득액 조사 및 지역사회청소년통합지원체계 운영위원회 심의결정에 따라 지원대상자 확정

4. 청소년보호법

제1조(목적) 이 법은 청소년에게 유해한 매체물과 약물 등이 청소년에게 유통되는 것과 청소년이 유해한 업소에 출입하는 것 등을 규제하고 청소년을 유해한 환경으로부터 보호·구제함으로써 청소년이 건전한 인격체로 성장할 수 있도록 함을 목적으로 한다.

△ 청소년보호 : 청소년의 건전한 성장에 유해한 물질·물건·장소·행위 등 각종 청소년 유해 환경을 규제하거나 청소년의 접촉 또는 접근을 제한하는 것을 말한다(청소년 기본법)

가. 청소년 유해환경

△ 청소년 유해환경 : 유해약물, 유해물건, 유해매체, 유해업소, 유해구역

① 청소년 유해약물

- 청소년의 사용을 제한하지 아니하면 청소년의 심신을 심각하게 훼손할 우려가 있는 약물
- 대통령령이 정하는 기준에 따라 관계기관의 의견을 들어 청소년보호위원회가 결정하여 고시한 것
  - 주류(주세법의 규정)
  - 담배(담배사업법의 규정)
  - 마약류(마약류 관리에 관한 법률의 규정)
  - 환각류(유해화학물질관리법의 규정)
  - 기타 중추신경에 작용하여 습관성, 중독성, 내성 등을 유발하여 인체에 유해 작용을 미칠 수 있는 약물 등

※ 마약류(대마, 마약, 향정신성의약품)는 청소년보호법상의 형사처벌
이 배제되고 마약류관리에 관한법률(2000. 7. 1. 시행)에 의해 처벌됨

② 청소년 유해물건

- 대통령령이 정하는 기준에 따라 청소년보호위원회가 결정하고 보건복지
가족부장관이 이를 고시한 것
  - 청소년에게 음란한 행위를 조장하는 성기구 등 청소년의 사용을 제한
  하지 아니하면 청소년의 심신을 심각하게 훼손할 우려가 있는 성관련
  물건
  - 청소년에게 음란성·포악성·잔인성·사행성 등을 조장하는 완구류 등
  청소년의 사용을 제한하지 아니하면 청소년의 심신을 심각하게 훼손할
  우려가 있는 물건
- 유해물건의 종류
  - 남성용 성기확대 기구류 − 진공 남성 성기확대기(歡喜) 등
  - 남성용 성기단련 기구류.
    ▸ 남성 성기착용 링제품(BIO SUPER RING) 등
    ▸ 남성 성기착용 옥제품(黃玉) 등
    ▸ 남성용 정력(건강)팬티(VIGOR−BIO BRIEF) 등
  - 남성용 여성 성기자극 기구류
    ▸ 요철식 특수콘돔(GAT−101) 등
    ▸ 약물주입 콘돔(AMOR LONG LOVE) 등
    ▸ 도깨비 콘돔(일명 愛) 등
    ▸ 일명 「매직링」 등
    ▸ 여성 성기자극 밴드(Hercules) 등
  - 남성용 자위행위 기구류
    ▸ 모타부착식 여자 신체모형의 자위행위기구＜PILOT BOAT(領航者)＞
    등
    ▸ 컵모형의 1회용 자위행위기구 Love Ship) 등

▸ 공기 및 물주입식 비닐팩 자위행위기구(PINKY PAK) 등
- 여성용 자위행위 기구류
  ▸ 모타 부착식 남성 성기모형 자위행위기구(PILOT BOAT) 등
- 레이저포인터

③ 청소년 유해매체

- 청소년유해매체물의 심의 기준
  - 청소년에게 성적인 욕구를 자극하는 선정적인 것이거나 음란한 것
  - 청소년에게 포악성이나 범죄의 충동을 일으킬 수 있는 것
  - 성폭력을 포함한 각종 형태의 폭력행사와 약물의 남용을 자극하거나 미화하는 것
  - 청소년의 건전한 인격과 시민의식의 형성을 저해하는 반사회적·비윤리적인 것
  - 기타 청소년의 정신적·신체적 건강에 명백히 해를 끼칠 우려가 있는 것
- 심의기준을 구체적으로 적용함에 있어서는 현재 국내사회에서의 일반적인 통념에 따르며 그 매체물이 가지고 있는 문학적·예술적·교육적·의학적·과학적 측면과 그 매체물의 특성을 동시에 고려하여야 함(청소년보호법 제10조 제2항)

④ 청소년 유해업소

- 청소년의 출입과 고용이 청소년에게 유해한 것으로 인정되는 청소년 출입·고용금지업소
  - 유흥주점(롬싸롱, 캬바레, 나이트 클럽 등), 단란주점
  - 비디오방, 노래방(청소년실 제외)
  - 무도학원, 무도장
  - 사행성 오락실(복표발행, 추첨, 경품 등)
  - 전화방, 화상대화방
  - 성기구 취급업소 등

– 청소년의 출입은 가능하나 고용은 유해한 것으로 인정되는 청소년고용금
지 업소

- 티켓다방, 소주방, 호프집, 카페 등
- 숙박업소(여관, 호텔 등), 이용업(다른 법령에서 취업이 금지되지 않는
  남자청소년 제외), 목욕장업(사우나탕, 증기탕 등)
- 비디오물 대여업소, 비디오물 소극장, 게임방, PC방, 노래방의 청소년
  실(오후 10시까지만 출입가능) 등
- 유독물 제조, 판매, 취급업소
- 만화방

※ 청소년 출입금지 위반 업주
  – 종사자 제24조 제2항의 규정에 위반하여 청소년을 유해업소에 출입시
    킨 자
※ 제24조 제2항 – 청소년출입·고용금지업소의 업주 및 종사자는 출입자
  의 연령을 확인하여 청소년이 당해업소에 출입하거나 이용하지 못하게
  하여야 한다.
  – 청소년이 친권자 등을 동반한 때에는 청소년출입·고용금지업소의 업
    주 및 종사자는 청소년과 친권자 등과의 관계를 확인하여야 한다.
  – 2년 이하 징역 또는 1천만원 이하 벌금, 출입허용 횟수마다 300만원
※ 청소년 출입·고용금지표시
  – 불이행 업주·종사자 제24조 제4항의 규정에 위반하여 청소년유해업소
    의 청소년 유해표시를 하지 아니한 자
※ 제24조제4항 – 청소년 유해업소의 업주 및 종사자는 당해 업소에 대통
  령령이 정하는 바에 따라 청소년의 출입·이용과 고용을 제한하는 내용의
  표시를 하여야 한다.
  – 청소년 출입·고용금지업소의 출입구중 가장 잘보이는 곳에 「19세 미
    만 출입·고용금지업소」 표시 부착
  – 2년 이하 징역 또는 1천만원 이하 벌금

⑤ **유해구역**

- "청소년 통행금지구역"은 윤락행위가 행해지거나, 행하여지는 우려가 있는 지역을 지정함으로써 청소년통행금지 조치를 24시간 엄격하게 적용하는 구역

- "청소년 통행제한구역"은 청소년 유해업소가 밀집된 구역이거나 청소년 유해매체물, 약물 등의 판매·대여, 유통행위가 빈번하게 행하여지거나 행하여질 우려가 있는 곳을 지정하므로서 일정시간 청소년의 통행을 제한하는 구역

- 다만, 친권자, 후견인, 교사 기타 당해 청소년을 보호할 수 있는 등 보호자를 동반할 경우에는 통행가능토록 하여 통행예외 등을 신축적으로 적용 청소년통행금지·제한구역지정 및 조례제정 의무화

- 지방자치단체가 지역주민의 반발 등을 이유로 조례제정 및 청소년통행금지·제한구역의 지정 및 운영을 기피하는 경향이 있어 임의규정을 강제규정으로 보완하여 청소년 유해환경 등이 밀집된 지역은 조례제정 및 청소년통행금지·제한구역 지정을 의무화

- 지자체가 불이행시 국가는 지방자치법에 의한 직무이행명령으로 강제할 수 있음

- 기존 미성년자 출입제한구역은 청소년 통행금지구역으로 전환

- 청소년보호법 개정시행('99.7.1)과 동시에 동법 부칙에 의거 미성년보호법이 폐지되고 미성년자보호법에 의한 미성년자 출입제한구역은 청소년통행 금지구역으로 전환

- 위반 청소년 대상에 대한 조치사항
  • 청소년 통행금지구역·제한구역을 통행하고자 하는 청소년에 대하여는 이를 저지하거나, 또는 통행하고 있는 청소년에 대해서는 해당구역 밖으로 퇴거시킬 수 있음

나. 청소년 유해환경 개선을 위한 정책

① 청소년 유해환경정화

- 추진배경 및 목적
  - 청소년의 건강한 성장을 저해하는 유해업소 증가에 따라 각종 유해환경으로부터 청소년 보호를 위한 지속적인 점검 단속 강화 필요
  - 정부 및 국민 모두의 동참과 함께 시민단체들의 활발한 감시활동을 통해 청소년이 건강하게 자랄 수 있는 사회적 환경 조성
- 유해환경정화 활동내역
  - 청소년 유해환경감시단 운영

② 청소년 유해환경감시단

- 목적 : 청소년의 선도·보호와 각종 청소년유해환경 정화를 위한 감시·고발활동을 수행하는 것
- 도입배경 : '98년 청소년 유해환경 정화를 위한 지역중심의 민간 유해환경 감시체계 구축
- 시행근거 : 청소년 보호법 제48조, 시행령 제40조, 시행규칙 제9·10조
- 지정기관 : 지방자치단체장
- 지정절차 : 시민단체(비영리법인 또는 비영리민간단체) → 시·군·구 신청 → 시·군·구청장 지정(학교 : 초·중·고등학교장 → 지역교육장 경유→시·군·구 신청 → 시·군·구청장 지정)
  - ※ 시민단체 : 초·중·고등학교의 교사·학부모, 청소년단체를 포함한 시민단체의 임·직원 및 회원 등 지역사회 내에서 청소년보호에 관심을 가지고 활동중인 단체
- 유형 : 초·중·고등학교 등 학교감시단과 시민단체 감시단(청소년단체 감시단 포함)
- 청소년 유해환경에 해당하는 신종·변종 업소의 등장 및 확산 감시·고발

- 학교폭력, 가출 청소년의 비행·탈선과 성매매 유입 등으로부터 청소년 보호
- 청소년보호법 위반사항을 시민들로부터 제보 받음
- 자체 감시활동을 통해 업주가 자발적으로 개선할 수 있도록 유도
- TV, 라디오, 비디오물, PC통신 등 영상, 통신매체의 건전화를 유도하기 위해 청소년 유해매체물 모니터반을 구성·운영
- 청소년 유해환경감시단의 활동을 지원해 주고 미흡한 부분을 보완해 줄 전문인력(코디네이터)을 광역단체마다 1명씩 배치(전문인력으로는 청소년지도사 또는 청소년상담사를 채용하는 것이 원칙이나, 청소년지도사나 청소년상담사가 없는 경우에는 사회복지사를 채용 가능)

△ 청소년 스스로 지킴이(YP: youth patrol-순찰)

- YP는 자기 통제력이 부족한 청소년이 인터넷 게임중독, 유해매체물·약물·업소·물건 등 주변 생활환경의 유해성으로부터 스스로를 보호할 수 있도록 분별력과 조절력을 길러주는 청소년보호프로그램
- 학생들에 대한 일방적인 주입식 교육을 지양하고 교과수업이나 창의적 체험활동 등의 시간을 활용, 학생 스스로 사고하고 판단하며 행동하게 함으로써 올바른 습관을 형성하도록 도와주는 자기 주도적 학습활동

---

③ 청소년 유해환경 신고포상금제도 운영 현황

- 도입배경 : 유해환경으로부터 청소년을 보호하기 위해 청소년에게 약물·물건 판매 등 불법행위에 대한
- 감시·고발활동을 권장하고자 도입 운영(2004년)
- 시행근거 : 청소년 보호법 제49조
- 신 고 처 : 시·군·구
- 신고방법(청소년 보호법 시행령 제41조) : 서면·구두 또는 기타의 방법
- 포상금액 : 1~20만원(사안별 경중에 따라 차등지급)
- 지급근거 : 시·군·구 조례 및 규칙

④ **청소년 유해환경 점검 및 단속**

- 최근 신·변종 유해업소 증가 등에 따른 지속적인 단속 강화
  - 청소년 유해환경 이동점검 및 합동점검 실시
  - 청소년 유해매체물 단속, 가출청소년 구호 등
- 청소년보호 중앙점검단
  - 대한민국 여성가족부 소속기관
  - 주요 업무
    * 가출, 성매매 등 위기청소년 긴급구호
    * 신·변종 유해업소 등 청소년 유해환경 점검·단속활동
    * 지방행정기관 청소년 유해환경 개선 유도 및 평가
    * 청소년보호 종합대책 추진상황 종합 점검·관리

⑤ **건전한 매체환경 조성**

- 추진사항 : 청소년의 건전한 인격 형성과 건강한 성장을 저해하는 각종 매체물의 유해성으로부터 청소년 보호
  - 각종 매체환경에 대한 감시체계 강화를 통한 청소년 유해·음란 정보 차단
  - 청소년유해정보 대량유통 등에 대한 체계적·시의적 대응 강화
  - 청소년 유해매체물 감시 강화를 위한 청소년매체환경보호센터 위탁·운영
  - 신종매체를 통한 청소년보호법 위반행위 단속 및 처벌 강화
- 음반, 음악파일 등에 대한 청소년 유해성 심의
- 청소년유해매체물 결정·고시

"청소년 유해매체물"이란?(청소년보호법 제2조)
- 청소년보호위원회 등 각 심의기구에서 음반, 방송프로그램, 영상물, 간행물, 게임물 중 청소년에게 유해한 것으로 결정하거나 확인하여 여성가족부장관이 이를 고시한 매체물

---

⑥ 유해약물 예방/치료

- 개요 : 청소년을 흡연·음주 등 유해약물로부터 보호하고 약물에 노출되기 쉬운 청소년에 대한 약물예방 교육 및 치료활동 강화로 건전한 청소년 보호육성

유해약물이란
- 주세법에 의한 「주류」, 담배사업법에 의한 「담배」, 마약류관리에 관한 법률에 의한 「마약류」, 유해화학물질 관리법에 의한 「환각물질」 기타 중추신경에 작용하여 습관성, 중독성, 내성 등을 유발하여 인체에 유해작용을 미칠 수 있는 약물 등 청소년의 사용을 제한하지 아니하면 청소년의 심신을 심각하게 훼손할 우려가 있는 약물로써 대통령령이 정하는 기준에 따라 관계기관의 의견을 들어 청소년보호위원회가 결정하고 여성가족부장관이 고시한 것

- 활동방향
  • 청소년 음주·흡연 예방제도 보완 : 주류·담배 등의 청소년 유해약물 대리구매행위 금지
  • 청소년 음주·흡연 예방을 위한 사회적 분위기 조성 : 청소년 유해환경 접촉종합실태조사 실시
  • 조기예방교육용 유아용 놀이기구 배포
  • 주류·담배 판매업소의 청소년 상대 판매실태 조사 및 개선활동 지원
  • 전국 한의원과 협조하여 금연침 무료시술사업 추진 등
  • 유해약물 피해청소년 치료·지원사업
- 처벌규정
  • 판매금지 위반(누구든지)
    * 청소년에게 주류나 담배를 판매한 자 : 2년 이하의 징역 또는 1천만원 이하의 벌금(판매회수마다 100만원 과징금)
  • 청소년 유해표시 불이행(제조·수입한 자)

* 청소년 유해약물 등의 청소년 유해표시를 하지 아니한 자 : 2년 이하의 징역 또는 1천만원 이하의 벌금(시정명령 대상 : 표시명령, 표시방법 변경명령/과징금 : 타 법령에 의한 행정처분의 대상이 아닌 경우)

다. 청소년보호시설

① 청소년상담복지센터

청소년에 대한 상담·긴급구조·자활·의료지원 등의 업무를 수행하는 시설
※ 청소년복지 참고

② 청소년쉼터

가출청소년에 대하여 가정·학교·사회로 복귀하여 생활할 수 있도록 일정기간 보호하면서 상담·주거·학업·자립 등을 지원하는 시설

※ 청소년복지 참고

③ 청소년 지원시설

19세 미만의 성매매피해자 등을 대상으로 19세가 될 때까지 숙식을 제공하고, 취학·교육 등을 통하여 자립을 지원하는 시설

④ 청소년 보호·재활센터

청소년 유해환경으로부터 청소년을 보호하고 피해 청소년의 치료와 재활을 지원하는 시설
- 주요 업무
  - 범죄 신고의 접수 및 상담
  - 대상아동·청소년과 병원 또는 관련 시설과의 연계 및 위탁
  - 그 밖에 아동·청소년 성매매 등과 관련한 조사·연구
  - 대상아동·청소년의 보호·자립지원

- 장기치료가 필요한 대상아동·청소년의 다른 기관과의 연계 및 위탁

⑤ **위기청소년교육센터(청소년성장캠프)**

- 성매매피해 청소년을 대상으로 실시되는 치료 및 재활 프로그램 위주의 교육 사업
- 사회적 단절과 심리적·신체적 외상을 가지고 있는 성매매피해 청소년의 성매매 재유입을 예방
- 다각적인 지원을 통해 긍정적인 삶의 주체이자 건강한 인격체로 성장할 수 있도록 여성가족부에서 지원
- 전문가와 5박 6일 동안 24시간 숙식을 함께 하며 심리치료, 자존감증진 프로그램, 성교육, 역할극, 문화활동, 진로탐색 등 교육을 실시
- 교육수료 후 의료, 법률, 자립, 학업, 자활 등 대상별 맞춤형 지원

라. 청소년과 성문제

① **청소년 성접촉의 문제점**

- 최초 성접촉 및 성경험을 하는 나이대가 초등학교 저학년으로 하락세
- 음란사이트, 성인 영상물 등 유해매체에 노출되기 쉬운 데다 이를 무방비 상태에서 모방
- 현실성 있는 성교육의 부재도 문제

> → 초등학생 사이에서도 성지식의 양극화가 나타나 성에 대해 전혀 모르는 학생들에겐 2차 성징이 충격적일 수 있지만, 이미 다 아는 학생들에겐 남녀 간 성행위도 시시하게 여겨지는 것이 지금의 초등학교 성교육의 현실

② **청소년 성매매**

- 청소년 성매매의 정의 : 청소년이 불특정인을 상대로 금품이나 그 밖의

재산상의 이익을 수수하거나 약속하고 신체를 이용하거나 또는 도구 등을 이용한 유사성행위를 하는 것

- 가장 많이 발생하고 있는 청소년 성매매의 형태는 SNS를 통한 성매매
- 영향을 미치는 요인
  - 용돈, 유흥비를 위한 수단
  - 가정에서의 학대
    ※ 학대는 성적, 육체적 학대뿐 아니라 양육상의 태만이나 적합한 보호, 감독, 관리를 하지 않고 방임하는 등
  - 조기의 성경험
  - 가출
  - 사회적 낙인
- 청소년 성매매의 형태
  - 용돈, 유흥비를 위한 수단
  - 놀이와 여가생활을 위한 수단
  - 가출 청소년의 생활비를 위한 수단
  - 직업적으로 생계유지를 위한 수단
- 왜곡된 성가치관이나 가출, 약물남용, 임신, 음주 등이 원인
- 건전한 성의식과 진로탐색을 위한 교육과 상담이 필요
  - 교사, 청소년지도사나 상담사 등의 멘토링 프로그램이 필요
  - 부모와의 관계개선과 또래집단과의 교류확대 등 사회적 지지망이 필요
- 대처방안
  - 가정화목을 통한 자율규제의 체계조성
  - 부모의 컴퓨터 지식습득 필요
  - 전문교사(상담교사)제도 및 성상담실 개설
  - 건전한 놀이문화의 정착과 청소년 노동시장 확대
  - 가출예방
  - 올바른 성교육제도 마련

5. 그 외 청소년 관련 법

가. 학교 밖 청소년 지원에 관한 법률

> 제1조(목적) 이 법은 「청소년 기본법」 제49조 제4항에 따라 학교 밖 청소년 지원에 관한 사항을 규정함으로써 학교 밖 청소년이 건강한 사회구성원으로 성장할 수 있도록 함을 목적으로 한다.

① 학교 밖 청소년의 정의

- 다음 각 항목의 어느 하나당에 해당하는 청소년
  - 초등학교·중학교 또는 이와 동일한 과정을 교육하는 학교에 입학한 후 3개월 이상 결석하거나 취학의무를 유예한 청소년
  - 고등학교 또는 이와 동일한 과정을 교육하는 학교에서 제적·퇴학처분을 받거나 자퇴한 청소년
  - 고등학교 또는 이와 동일한 과정을 교육하는 학교에 진학하지 아니한 청소년

② 학교 밖 청소년 지원센터(꿈드림)

- 지원대상 : 학교 밖 청소년
  ※ 잠재적 학교 밖 청소년도 지원 가능(예방 목적)
- 목적 : 학교 밖 청소년의 개인적 특성과 수요를 고려한 상담지원, 교육지원, 직업체험 및 취업지원, 자립지원 등 학교 밖 청소년이 건강한 사회구성원으로 성장할 수 있도록 지원하는 것
- 센터의 운영 주체(지정기간 3년)
  - 「청소년 복지지원법」 제29조의 청소년상담복지센터
  - 「청소년 기본법」 제3조 제8호의 청소년단체

- • 학교 밖 청소년을 지원하기 위하여 필요한 전문인력과 시설을 갖춘 기관 또는 단체
- 청소년지원센터 '꿈드림'의 주요 프로그램
  - • 학교 밖 청소년의 개인적 특성과 수요를 고려한 상담지원, 교육지원, 직업체험 및 취업지원, 자립지원 등의 프로그램
  - • 상담지원 : 심리·진로 상담, 자립 및 학습동기 강화 상담, 가족 상담 등
  - • 교육지원 : 복학, 상급학교·대안학교 진학 지원, 검정고시 지원, 문화·예술·체육 활동 지원
  - • 취업지원 : 직업체험, 진로교육, 경제활동 체험, 취업연계 지원 등
  - • 자립지원 : 생활지원, 건강·정서 지원, 법률교육, 자격취득, 자기개발 지원 등
  - • 건강증진 : 건강검진, 건강생활 실천관리 지원, 체력관리 지원
  - • 특성화프로그램 : 재능개발, 자원봉사활동, 지역사회 참여활동, 지역 특화 체험프로그램
  - • 멘토링프로그램 : 교과서 학습 지원, 특기 적성 지도, 진로상담, 심리·정서 지도

- 학교 밖 청소년 건강검진 사업
  - • 대상 : 9세 이상 24세 이하 학교 밖 청소년
    * 건강관리에 취약한 청소년(가출청소년)은 발견시 건강검진의 우선 실시 가능
    * 특히 18세 이하 학교 밖 청소년 중 초4, 중1, 고1 연령에 해당되는 청소년은 생애주기별 건강검진
  - • 검진주기 : 매 3년마다 실시하며, 전액 국고 부담이기 때문에 본인 부담은 없음
  - • 목적
    * 학교 밖 청소년들에게 정기적으로 건강검진을 실시하여 학교 밖 청소년을 건강하게 성장할 수 있도록 지원하는 것
    * 학교 밖 청소년들에 대한 질병의 조기 발견과 예방을 위해 생애전환기 연령(10대)의 특성에 적합한 맞춤형 건강검진 서비스 제공

---

③ 학업중단숙려제

- 정의 : 학업중단에 앞서 2주 이상의 숙려기간을 부여함과 동시에 전문기관의 상담을 병행하는 제도
- 기간 : 2주간(14일), 이 기간 중 총 2회, 4시간의 상담 받으면, 출석인정
- 대상 : 학업중단 징후가 발견되거나 학업중단 의사를 밝힌 학생 및 학부모
- Wee센터(클래스), 청소년상담지원센터 등의 전문상담을 받음(개인상담, 집단상담, 심리검사 등 학업 복귀 프로그램, 학업중단 이후 겪게 될 삶의 상황 안내, 두드림존, 학습지원 프로그램, 학교밖청소년지원센터 등에 대한 정보 제공)

나. 아동·청소년의 성보호에 관한 법률

제1조(목적) 이 법은 아동·청소년대상 성범죄의 처벌과 절차에 관한 특례를 규정하고 피해아동·청소년을 위한 구제 및 지원 절차를 마련하며 아동·청소년대상 성범죄자를 체계적으로 관리함으로써 아동·청소년을 성범죄로부터 보호하고 아동·청소년이 건강한 사회구성원으로 성장할 수 있도록 함을 목적으로 한다.

① 아동·청소년성범죄자 신상공개제도

- 근거법률 : 아동·청소년 성보호에 관한 법률
- 공개대상
  • 아동·청소년대상 성폭력범죄를 저지른 자
  • 카메라를 이용한 촬영 등 모든 성범죄를 저지른 자
  • 13세 미만의 아동·청소년을 대상으로 성범죄를 저지른 자로서 재범의 위험성이 있는 자
  • 성폭력 내지 성범죄를 저지른 심신장애인으로 재범의 위험성이 있는

자 등

– 목적 : 추가적인 성범죄 피해자를 예방하기 위하여 법원이 성범죄자의 신상정보를 공개하도록 명령할 수 있는 제도

근거조항 : 아동 · 청소년 성보호에 관한 법률 제49조

제49조(등록정보의 공개)

① 법원은 다음 각 호의 어느 하나에 해당하는 자에 대하여 판결로 제3항의 공개정보를 「성폭력범죄의 처벌 등에 관한 특례법」 제45조 제1항의 등록기간(20년) 동안 정보통신망을 이용하여 공개하도록 하는 명령(이하 "공개명령"이라 한다)을 등록대상 사건의 판결과 동시에 선고하여야 한다. 다만, 피고인이 아동 · 아동청소년인 경우, 그 밖에 신상정보를 공개하여서는 아니 될 특별한 사정이 있다고 판단하는 경우에는 그러하지 아니하다.

1. 아동 · 청소년대상 성폭력범죄를 저지른 자

2. 「성폭력범죄의 처벌 등에 관한 특례법」 제2조 제1항 제3호 · 제4호, 같은 조 제2항(제1항 제3호 · 제4호에 한정한다), 제3조부터 제15조까지의 범죄를 저지른 자(카메라를 이용한 촬영 등 모든 성범죄를 의미한다)

3. 13세 미만의 아동 · 청소년대상으로 아동 · 청소년대상 성범죄를 저지른 자로서 13세 미만의 아동 · 청소년대상으로 아동 · 청소년대상 성범죄를 다시 범할 위험성이 있다고 인정되는 자

4. 제1호 또는 제2호의 죄를 범하였으나 「형법」 제10조 제1항에 따라 처벌할 수 없는 자로서 제1호 또는 제2호의 죄를 다시 범할 위험성이 있다고 인정되는 자

② 제1항에 따른 등록정보의 공개기간(「형의 실효 등에 관한 법률」 제7조에 따른 기간을 초과하지 못한다)은 판결이 확정된 때부터 기산한다. 다만, 공개명령을 받은 자(이하 "공개대상자"라 한다)가 실형 또는 치료감호를 선고받은 경우에는 그 형 또는 치료감호의 전부 또는 일부의 집행을 종료하거나 집행이 면제된 때부터 기산하고, 제1항에 따른 등록정보의 등록 원인이 된 성범죄(이하 이 조에서 "등록대상자 성범죄"라 한다)와 경합된 범죄, 등록대상 성범죄로 수용되어 있는 도중 재판을 받게 된 다른 범죄, 다른 범죄로 수용되어 있는 도중 등록대상 성범죄로 재판을 받게

된 경우 다른 범죄로 교정시설 또는 치료감호시설에 수용된 기간은 공개
기간에 넣어 계산하지 아니한다.

③ 제1항에 따라 공개하도록 제공되는 등록정보(이하 "공개정보"라 한다)는
다음 각 호와 같다.

1. 성명
2. 나이
3. 주소 및 실제거주지(「도로명주소법」 제2조 제5호의 도로명 및 같은
   조 제7호의 건물번호까지로 한다)
4. 신체정보(키와 몸무게)
5. 사진
6. 등록대상 성범죄 요지(판결일자, 죄명, 선고형량을 포함한다)
7. 성폭력범죄 전과사실(죄명 및 횟수)
8. 「특정 범죄자에 대한 보호관찰 및 전자장치 부착 등에 관한 법률」에
   따른 전자장치 부착 여부

④ 공개정보의 구체적인 형태와 내용에 관하여는 대통령으로 정한다.

⑤ 공개정보를 정보통신망을 이용하여 열람하고자 하는 자는 실명인증 절차
를 거쳐야 한다.

⑥ 실명인증, 공개정보 유출 방지를 위한 기술 및 관리에 관하 구체적인 방
법과 절차는 대통령령으로 정한다.

다. 소년법

제1조(목적) 이 법은 반사회성(反社會性)이 있는 소년의 환경 조정과 품행
교정(矯正)을 위한 보호처분 등의 필요한 조치를 하고, 형사처분에 관한
특별조치를 함으로써 소년이 건전하게 성장하도록 돕는 것을 목적으로
한다.

① **소년의 정의**

- 소년법에서의 소년 : "소년"이란 19세 미만인 자를 말하며, "보호자"란
  법률상 감호교육(監護敎育)을 할 의무가 있는 자 또는 현재 감호하는 자
- 청소년 보호법에서의 청소년 : "청소년"이라 함은 만 19세 미만의 자를

말한다. 다만, 만 19세에 도달하는 해의 1월 1일을 맞이한 자를 제외

② **소년법에서의 연령**

- 우범소년 : 비행소년
  - 아직 죄를 범하진 않았으나 죄를 범할 우려가 있는 10세 이상 19세 미만의 소년
  - 범죄를 저지르지는 않았으나 보호처분의 대상
  - 가정법원 소년부에서 보호처분 결정
  - 목적 : 보호, 선도
  - 심리는 온화한 분위기속에서 비공개가 원칙
- 촉법소년
  - 형벌 법령에 저촉되는 행위를 한 10세 이상 14세 미만의 소년
  - 범죄행위를 하였으나 형사책임능력이 없어 처벌을 받지 않으며 보호처분의 대상
  - 죄를 지었으나 형사처벌을 받지는 않으며, 가정법원 소년부에서 보호처분 결정
- 범죄소년
  - 범죄를 저지른 14세 이상 19세 미만의 소년
  - 범죄소년 또는 소년범
  - 형사처벌 또는 보호처분을 내릴 수 있음
  - 범죄를 저지른 경우 검사에게 보냄

- 보호처분 : 감호위탁, 사회봉사, 소년원 송치 등
- 보호처분의 목적 : 반사회성이 있는 소년에 대하여 주변 환경의 조정과 품행 교정을 위한 특별조치를 하여 소년이 건전하게 성장하도록 돕는 것
- 일탈행위 : 사회규범에서 벗어난 행위
  예시. 청소년이 술이나 담배를 하는 행위
- 범죄 : 범규범, 특히 형법을 위반하는 행위
  예시. 누군가를 때리거나 물건을 훔치는 행위

제1조(목적) 이 법은 헌법에 따라 근로조건의 기준을 정함으로써 근로자의 기본적 생활을 보장, 향상시키며 균형 있는 국민경제의 발전을 꾀하는 것을 목적으로 한다.

제64조(최저 연령과 취직인허증) ① 15세 미만인 사람(「초·중등교육법」에 따른 중학교에 재학 중인 18세 미만인 사람을 포함한다)은 근로자로 사용하지 못한다. 다만, 대통령령으로 정하는 기준에 따라 고용노동부장관이 발급한 취직인허증(就職認許證)을 지닌 사람은 근로자로 사용할 수 있다.
② 제1항의 취직인허증은 본인의 신청에 따라 의무교육에 지장이 없는 경우에는 직종(職種)을 지정하여서만 발행할 수 있다.
③ 고용노동부장관은 거짓이나 그 밖의 부정한 방법으로 제1항 단서의 취직인허증을 발급받은 사람에게는 그 인허를 취소하여야 한다.

제65조(사용 금지) ① 사용자는 임신 중이거나 산후 1년이 지나지 아니한 여성(이하 "임산부"라 한다)과 18세 미만자를 도덕상 또는 보건상 유해·위험한 사업에 사용하지 못한다.
② 사용자는 임산부가 아닌 18세 이상의 여성을 제1항에 따른 보건상 유해·위험한 사업 중 임신 또는 출산에 관한 기능에 유해·위험한 사업에 사용하지 못한다.
③ 제1항 및 제2항에 따른 금지 직종은 대통령령으로 정한다.

제66조(연소자 증명서) 사용자는 18세 미만인 사람에 대하여는 그 연령을 증명하는 가족관계기록사항에 관한 증명서와 친권자 또는 후견인의 동의서를 사업장에 갖추어 두어야 한다.

제67조(근로계약) ① 친권자나 후견인은 미성년자의 근로계약을 대리할 수 없다.
② 친권자, 후견인 또는 고용노동부장관은 근로계약이 미성년자에게 불리하다고 인정하는 경우에는 이를 해지할 수 있다.
③ 사용자는 18세 미만인 사람과 근로계약을 체결하는 경우에는 제17조에 따른 근로조건을 서면(「전자문서 및 전자거래 기본법」 제2조 제1호에 따른 전자문서를 포함한다)으로 명시하여 교부하여야 한다.

제68조(임금의 청구) 미성년자는 독자적으로 임금을 청구할 수 있다.

제69조(근로시간) 15세 이상 18세 미만인 사람의 근로시간은 1일에 7시간, 1주에 35시간을 초과하지 못한다. 다만, 당사자 사이의 합의에 따라 1일에 1시간, 1주에 5시간을 한도로 연장할 수 있다.

제70조(야간근로와 휴일근로의 제한) ① 사용자는 18세 이상의 여성을 오후 10시부터 오전 6시까지의 시간 및 휴일에 근로시키려면 그 근로자의 동의를 받아야 한다.
② 사용자는 임산부와 18세 미만자를 오후 10시부터 오전 6시까지의 시간 및 휴일에 근로시키지 못한다. 다만, 다음 각 호의 어느 하나에 해당하는 경우로서 고용노동부장관의 인가를 받으면 그러하지 아니하다.
  1. 18세 미만자의 동의가 있는 경우
  2. 산후 1년이 지나지 아니한 여성의 동의가 있는 경우
  3. 임신 중의 여성이 명시적으로 청구하는 경우
③ 사용자는 제2항의 경우 고용노동부장관의 인가를 받기 전에 근로자의 건강 및 모성 보호를 위하여 그 시행 여부와 방법 등에 관하여 그 사업 또는 사업장의 근로자대표와 성실하게 협의하여야 한다.

제72조(갱내근로의 금지) 사용자는 여성과 18세 미만인 사람을 갱내(坑內)에서 근로시키지 못한다. 다만, 보건·의료, 보도·취재 등 대통령령으로 정하는 업무를 수행하기 위하여 일시적으로 필요한 경우에는 그러하지 아니하다.

라. 근로기준법

① 청소년과 관련된 근로기준법

- 청소년의 근로보호와 최저 근로연령 : 청소년인 연소자의 근로에 대하여 특별히 규정하고 있다.
- 최저 근로연령과 취직인허증 : 15세 미만인자는 근로자로 사용하지 못하며(노동부장관이 발급하는 취직인허증을 지닌 자는 근로자로 사용할 수

있다) 취직인허증을 받을 수 있는 자는 13세 이상 15세 미만인자로 한다.

- 취직 인허증 사용금지 : 임신 중 이거나 산후 1년이 지나지 않은 여성과 18세 미만자를 도덕상 또는 보건상 유해·위험한 사업에 사용하지 못함
- 근로기준법 시행령에서 18세 미만인자의 사용이 금지되는 직종 : 고압작업, 잠수작업, 운전, 조정면허 취득을 제한하고 있는 직종, 18세 미만 청소년의 고용이나 출입을 금지하는 직종, 교도소, 소각 또는 도살업무, 정신병원에서의 업무 등
- 연소자 증명서 : 사용자는 18세 미만인자에 대하여는 그 연령을 증명하는 가족관계기록사항에 관한 증명서와 친권자 또는 후견인의 동의서를 사업장에 갖추어 두어야 한다.
- 임금 청구와 근로시간 : 미성년자는 독자적으로 임금을 청구할 수 있다.
- 15세 이상 18세 미만인 자의 근로시간 : 1일 7시간, 1주일에 40시간을 초과하지 못하며, 당사자와의 합의에 딱 1일에 1시간, 1주일에 6시간을 한도로 연장할 수 있다.
- 특히 사용자는 18세 미만자를 오후 10시부터 오전6시까지의 시간 및 휴일에 근로시키지 못함. 본인의 동의와 노동부장관의 인가 가능하다.

② **청소년 아르바이트의 주의점**

- 근로계약은 문서로!
  • 나중에 문제가 생겼을 경우에 그 내용을 증명할 수 없는 경우도 있으므로 근로계약은 반드시 문서로 작성
- 만 18세 미만의 청소년은 1일에 7시간, 1주일에 40시간을 초과하여 근로할 수 없습니다.
  • 합의하면 1일에 1시간, 1주일에 6시간을 한도로 연장 가능
  • 연장근로에 대해서는 통상임금의 100분의 50 이상을 가산하여 지급
  • 근로시간은 증명이 필요하므로, 출근대장 등에 출근·퇴근 사인을 한 후, 휴대폰으로 그날그날 촬영해 두라고 조언
- 휴게시간과 휴일

- 근로시간이 4시간인 경우에는 30분 이상, 8시간인 경우에는 1시간 이상의 휴게시간
- 1주 동안의 정해진 근로 일을 개근한 근로 청소년은 1주일에 1일 이상의 유급휴일
- 임금의 청구와 최저임금은 보호
  - 근로청소년은 부모의 동의 없이 독자적으로 임금을 청구 가능
  - 임금채권은 3년간 행사하지 아니하면 청구할 수 없음을 주의
  - 임금지급기일에 임금의 전부나 일부를 계속하여 지급받지 못하면, 사용자가 임금을 체불한 사실을 지방노동청(근로감독관)에 신고할 수 있음
- 근로계약의 해지는 언제든 가능
  - 사용자는 청소년과 근로계약의 불이행에 대한 위약금이나 손해배상을 청구하는 계약을 체결할 수 없음
  - 예시. 근로청소년이 주유소에서 3개월 근무하기로 하면서 중도에 그만두면 위약금을 내기로 계약을 했더라도, 이러한 부당한 내용은 효력이 없으므로 3개월 이내에 일을 그만두더라도 위약금을 내지 않아도 됩니다.

△ **청소년 아르바이트의 체크포인트**

청소년이 아르바이트를 할 때, 반드시 알아야 할 내용 12가지를 이해한다.
① 근로계약서를 문서로 작성해야 합니다.
② 최저임금 이상을 받아야 합니다. 올해는 시급 (   )원입니다.
③ 만 15세 미만 또는 중학교 재학중인 만 18세 미만의 청소년은 근로자로 일할 수 없습니다.
④ 만 15세 이상 만 18세 미만인 청소년의 근로시간은 1일 7시간, 1주일에 40시간을 초과할 수 없습니다(다만, 합의에 따라 1일에 1시간, 1주일에 6시간까지 연장이 가능합니다).
⑤ 19세 미만의 청소년은 만화대여점, 주류판매업소 등과 같은 청소년고용금지업소에서 근무할 수 없습니다.
⑥ 근로청소년은 1주일에 1일, 한 달에 1일 이상의 휴일을 받을 수 있습

니다.

⑦ 4시간당 40분의 휴식시간을 받을 수 있습니다.

⑧ 연장·야간·휴일근로를 하면, 시간급여의 50%를 추가로 지급받아야 합니다.

⑨ 임금은 매월 1회 이상 일정한 날짜에 현금 또는 통장으로 전액을 받아야 합니다.

⑩ 1년 이상 근무하다 퇴직하면 1년을 평균한 1개월분의 임금을 퇴직금으로 받습니다.

⑪ 근로청소년이 근무 중 상해를 입으면 산재보험법 등에 따라 치료와 보상을 받을 수 있습니다.

⑫ 근로청소년을 해고시키려면 정당한 사유가 있어야 하며, 해고시기와 해고사유 등을 서면을 받아야 합니다.

6. 청소년 관련 이론

가. 청소년 관련 이론 첫번째

① 청소년문화를 보는 관점

- 청소년의 또래문화
  - 또래집단끼리 느끼는 감정, 행동, 습관, 규칙, 흥미등 또래집단 구성원들의 모든 생활양식
  - 청소년이 사귀는 친구들을 말하며 비슷한 배경과 관심을 가지고 모인 같은 나이 또래의 청소년집단
  - 청소년들은 또래문화를 통해서 서로를 이해하고, 갈등을 해결해나가는 방법 등을 배우게 됨
  - 또래문화는 올바른 사회화와 자아정체감 형성에 영향을 미침

- 청소년문화를 보는 관점
  - 미숙한 문화 : 온전하지 않은 상태라고 보는 관점
  - 비행문화 : 청소년의 삶이 규범에서 벗어나 문제행동을 일으키는 존재를 지향한다고 보는 관점
  - 하위문화 : 사회전체를 구성하는 하위집단으로 그들의 문화는 전체 문화 가운데 하나의 하위적 문화를 이룬다는 입장
  - 대항문화 또는 반문화 : 기성시대의 문화가 주류문화라고 한다면 청소년들은 기성세대의 문화를 거부하고 자신들의 새로운 문화를 대안으로 내세우며 개혁과 변화를 요구
    * 기성세대에 대항하는 존재
  - 새로운 문화 : 문화변동의 선구적 역할

* 새로운 기기나 매체를 다루는데 기성세대에 비해 더 유연하고 새로운 스타일의 유행문화를 이끔
* 사회변화에 민감하게 반응하여 독창적인 삶을 살아가는 존재

② **자유학기제도**

- 정의 : 2016년부터 전국 모든 중학교에서 시행된 자유학기제는 중학교 교육과정 중 한 학기 동안(1학년 2학기 또는 2학년 1학기) 학생들이 중간·기말고사 등 시험부담에서 벗어나 꿈과 끼를 찾을 수 있도록 수업운영을 토론, 실습 등 학생 참여형으로 개선하고, 진로탐색 활동, 직업체험 등 다양한 체험활동을 경험하게 하는 등 교육과정을 유연하게 운영하는 제도
- 자유학기제 동안의 활동내용
  • 진로탐색 활동 : 진로검사, 초청강연, 직업탐방, 일터체험 등 적성과 소질을 탐색하여 스스로 미래를 설계할 수 있도록 체계적으로 지원
  • 동아리 활동 : 문예토론, 과학실험, 천체 관측 등 학생들의 공통된 관심사를 기반으로 운영되며, 이를 통해 학생의 특기와 적성은 물론 자율적 문제해결력을 키움
  • 주제선택 활동 : 헌법, 경제, 고전 토론, 체험 수학, 창의적 과학 등 학생의 흥미, 관심사에 맞는 체계적이고 심층적인 프로그램 운영으로 학습동기를 유발하여 깊이 있는 학습기회를 제공
  • 예술·체육 활동 : 연극, 뮤지컬, 오케스트라, 디자인, 축구 등 다양하고 내실 있는 예술 및 체육 교육으로 학생의 소질과 잠재력 향상
- 청소년기관의 역할
  • 자유학기제를 맞는 학생들이 지역사회를 기반으로 자유롭게 문화체험, 진로체험 등을 할 수 있는 프로그램 개발
  • 다양한 체험거리를 확보하는 등의 노력

> 청소년진로직업체험지원센터(청소년진로지원센터)의 운영목적은 청소년들에게 진로탐색 및 직업체험 등의 진로서비스를 제공하여 청소년의 긍정적이고 진취적인 직업관 정립을 돕는 것

③ 학교폭력과 집단 따돌림

- 청소년 학교폭력
  - 정의 : 학교폭력은 학교 내에서 학생들 간의 폭행, 협박, 따돌림, 음란·폭력 등에 의하여 신체·정신적 피해를 입히는 행위
  - 청소년기본법, 청소년복지지원법에 근거, 여성가족부는 청소년비행·폭력예방 및 교육적 선도사업 추진
  - 예방 : 학교문화 개선, 폭력예방교육, 학생자치활동, 상담강화
  - 대처방안
    * 피해자나 가족들의 치유·회복프로그램을 실시
    * 가해자·가해위험집단에 대한 예방활동 강화

> ### ※ 정부의 시책
> - 배움터지킴이(교과부, 경찰청) - 유해한 주변환경에 노출된 학교에 배치되어 학교폭력을 사전에 차단하는 역할을 하는 자원봉사(퇴직경찰, 군인, 교사등을 위촉)
> - 아동안전지킴이(복지부) - 하교 후 아동들이 외부활동이 집중되는 시간에 놀이터나 공원 등 아동운집지역 집중 순찰(근무관리를 담당하는 경찰청, 예산지원을 하는 보건복지부, 인력을 제공하는 재향경우회와 대한 노인회가 공동협약을 통해 운영)
> - 청소년스스로지킴이(여성가족부) - 청소년이 스스로 주위 생활환경 속 유해한 요소(폭력, 업소, 약물,매체물 등)를 변별하고 대등해 나가기 위한 모니터링, 캠페인 및 권리 신장활동
> - 등하교 안심알리미(교과부) - 초등학교 저학년 대상 으로 학교 정문이나 현관 등에 인식키를 설치해 등하교 시간에 학생이 지나가면 자동으로 학부모에게 휴대전화문자 전송이 되는 서비스 제공

- 워킹스쿨버스(행안부, 교과부) – 자원봉사자들이 통학로를 걸으며 학생들을 데리고 안전하게 등하교 시키는 집단보행 실시

- 집단따돌림
  - 원인
    * 사회적으로 고립
      친구가 별로 없고, 대화를 나누지 않으며, 공동의 관심사나 활동에 참여하지 않음
    * 행동이 부산하고 주의가 산만
      친구들이 좋아하지 않는 행동을 반복
    * 특이한 외모나 행동 특성을 가진 아이
      또래 아이들의 주목을 받게 되고 동시에 놀림의 대상
    * 신경질적이거나 공격적인 특성을 갖고 있는 경우
    * 자기주장이 별로 없고 유머 능력이 결여된 아이
      친구들이 장난삼아 한두 번 놀려도 가만히 있거나 복종적으로 반응
      친구들은 이후에도 놀리거나 괴롭히는 행동을 더욱 늘림
    * 자신을 과시하고픈 욕구와 질투로 친구 따돌리기 시작
  - 대안책
    * 아이가 어려서부터 또래와의 관계를 스스로 맺고 또 여기에서 생기는 갈등을 자신이 해결하도록 지도
    * 자기주장을 적절하게 표현할 수 있게끔 항상 아이의 말에 귀를 기울임
    * 아이가 공격적이거나 충동적인 행동을 보일 때는 단호하게 제지
    * 다른 사람의 마음을 읽고 배려할 줄 아는 아이로 길러야 함

※ 왕따는 당하는 아이, 혹은 왕따를 시키는 아이 모두 개인의 문제가 아니다. 아이들의 마음을 병들게 하는 왕따 현상이 더 이상 일어나지 않도록 하기 위해서는 부모나 교사의 노력이 무엇보다 중요하다. 아이에게 잘못을 따지고 다그치기보다는 부모가 먼저 주의를 기울여 올바르게 지도하도록 하자.

④ 청소년 자살

- 원인 : 가정불화, 우울증, 비관, 성적비관, 이성관계, 신체결험, 질병, 폭력, 집단괴롭힘
- 청소년의 자살
  • 사전계획 없이 충동적
  • 자살을 미화하는 왜곡된 경향
  • 동반자살 및 모방자살로 번질 우려가 있는 것
- 특히 청소년의 경우는 조기발견과 사전예방교육이 아주 중요
  • 무엇보다 가족과 학교 사회에서의 관심이 중요
    ※ 연예인 자살의 영향 – 베르테르 효과

⑤ 그 외 청소년 관련 정보

- 청소년기의 특징
  • 청소년기의 상상적 관중 : 자신은 항상 무대 위에 서 있는 것처럼 행동
  • 청소년기의 개인적 우화 : 청소년은 자신이 특별한 존재라고 믿음
- UN아동권리협약 (1991년 가입)
  • 세 가지 기본원칙
    * 아동최선의 이익원칙
    * 차별금지의 원칙(인종, 성, 사회적 출신 등)
    * 아동 존중의 원칙
  • 가입국은 가입 후 2년 내에 이행상황에 대한 최초보고서, 이후 매 5년마다 제출
  • 2006년부터 한국보건사회연구원에 아동권리모니터링센터를 운영
  • 2007년 민법을 개정하여 혼인동의 연령을 18세 미만으로 조정
  • 협약기준 당시 유보하였던 부모면접교섭권에 대한 철회를 추진
- 청소년의 주간과 달
  • 청소년의 달

* 청소년 기본법에 의해 매년 5월은 청소년의 달로 정함

  * 정책비전과 국민적 공감대 확산

  * 행사 : 청소년주간 기념식, 대한민국 청소년박람회, 다양한 체험행사 등

- 청소년주간

  * 2008년부터 매년 5월 넷째 주를 청소년주간으로 지정

  * 청소년들이 꿈과 희망을 가지고 자신의 가능성을 더 크게 키우며 건강하게 성장할 수 있도록 지원

나. 청소년 관련 이론 두 번째

① 프로이드의 정신분석이론

- 인간의 성격구조 : 원초아(id), 자아(ego), 초자아(superego)로 구성되어 있으며, 이 3가지 요소가 서로 상호작용을 한다.

  - 원초아 : 본능적 욕구, 즉 쾌락(즐거움)을 추구하는 역할

  - 초자아 : 양심이나 도덕적 규제를 담당, 원초아의 과도한 욕구충족을 억제하는 역할

  - 자아 : 원초아가 현실이라는 벽에 부딪힐 때 나타나는데, 현실적 문제를 해결하기 위해 원초아, 초자아 그리고 현실 간의 갈등을 중재하여 어떤 본능을 만족시킬지 합리적 결정을 내리는 역할

- 불안

  - 동기를 유발하게 하는 긴장상태로, 생체 안전을 위협하는 모든 상황에 대해 반응

  - 원초아 vs 자아

  - 초자아 vs 자아

  - 현실 vs 자아

- 방어기제 : 자아가 불안을 적절하게 조절할 수 없을 때는 고통스럽기 때문에 그것을 방어하는 기술

- 개인의 발달수준과 불안의 정도에 따라 다르게 나타남
- 종류 : 억압, 합리화, 부인, 취소 등

② 스키너의 행동주의 이론

- 핵심 : 보상과 처벌로 특정한 행동을 강화하거나 억제시킨다는 것
- 스키너의 행동주의 이론은 그 이론이 간명하지만, 인간의 많은 행동을 설명하고 통제할 수 있는 도구를 제공
- 행동주의 이론 개요
  - 행동은 자극, 유기체의 조건, 반응, 그 반응의 결과 등으로 구성
  - 행동은 학습에 의해 이루어진다는 전제
  - 학습된 여러 개의 다른 학습과정의 결과
  - 학습은 '경험의 결과로 나타나는 행동의 비교적 영속적인 변화'로 정의
- 행동주의 이론 개념
  - 강화 : 보상을 주는 것
    * 강화는 행동의 재현 가능성을 높이는 것

△ 정적 강화
- 바람직한 행동을 할 때 원하는 것(용돈, 음식, 칭찬, 휴식 등)을 주는 것

△ 부적 강화
- 바람직한 행동을 하면 원하지 않는 것(화장실 청소, 벌 등)을 피할 수 있게 하는 것
  ※ 두 가지의 성격은 서로 다르나, 둘다 바람직한 행동의 발생빈도를 증가시킨다는 점에서는 동일

  - 벌 : 특정 행동이 일어날 가능성을 감소
    * 벌은 행동을 억제하는 방식
  - 소거 : 보상을 계속 주지 않으면 학습된 행동이 없어지게 됨

③ 로저스의 인본주의

- 사람중심 주의
- 이론의 초점 : 사랑, 선택, 창조성, 의미, 가치, 자아실현과 같은 인간의 긍정적인 측면
- 인본주의의 관점 (중시)
  - 모든 인간은 긍정적 방향으로 성장하고자 하는 경향
  - 자기결정 및 자아실현 의지
  - 자신의 운명을 스스로 결정하고 자유롭게 선택하는 존재
- 인본주의 이론의 개요

현상학적 성격이론

- 개인은 자신의 지각과 경험체계에 따라 객관적 현실을 주관적으로 재구성
- 구성된 주관적 현실에 근거하여 행동
- 동일한 사건을 경험한 두 사람이 각자 다르게 행동
- 모든 개인은 서로 다른 독특한 특성
- 주관적 경험론에 입각하여 모든 인간에게는 객관적 현실세계란 존재하지 않으며 주관적 현실세계만이 존재한다고 주장

- 인간에 대한 관점
  - 인간은 잠재력을 제대로 발휘할 수 있는 조건이 갖추어지면 무한한 성장과 발전이 가능한 합리적 존재
  - 인간의 합리성은 자아실현의 경향이 강해짐
  - 자기자신에 대한 신뢰와 자유가 최대한 주어졌을 때 강하게 표출
- 자아실현경향
  - 사랑, 선택, 창조성, 의미, 가치, 자아실현과 같은 인간의 긍정적 측면
  - 강화를 위해 인간은 항상 노력하고 도전하며 어려움을 극복함으로써 진정한 한 개인이 되어감

- 치료적 관계를 촉진시키는 방법
  - 인간본성과 행동에 대한 기본 가정을 근거
  - 개인을 이해하는 유일한 방법은 그들의 개인적 세계에 들어가서 그들의 내적 참조체계를 이해하는 것이기 때문
  - 치료자가 내담자를 수용하고 진정한 관심을 보이면 내담자에게 긍정적 변화가 일어남

④ **매슬로우의 욕구위계**

- 인간의 정신적 고통과 마음의 병을 이해하고 치료하려면 건강한 사람들의 특성에 대한 연구가 선행되어야 함
- 여러 다양한 상황에서도 잘 적응하는 건강한 사람들에게 관심
- 인간의 욕구를 다섯 가지로 구분
- 욕구가 충족되지 못하면 보다 높은 단계로 나아가지 못함
- 욕구의 종류 : 생리적 욕구, 안전에 대한 욕구, 애정과 소속에 대한 욕구, 자아존중감의 욕구, 자아실현의 욕구
- 자아실현의 욕구는 인간욕구 중에서 가장 높은 수준의 것으로 누구나 갖고 있지만 대부분의 사람들은 이 욕구를 실현시키지 어려움

> 창조성이란 누구에게나 잠재해 있는 것이기 때문에 특별한 자질이나 능력을 요구하지 않으면, 인간은 항상 무언가 다른 존재가 되려는 과정에 있다고 보며 인간의 발전과 변화 가능성을 인정

⑤ **에릭슨의 심리사회적 발달이론**

- 인간은 자신이 타고난 유전적 기질을 바탕으로 사회적 환경과 상호작용하면서 각 단계를 거치며 성장
- 각 단계를 성공적으로 완수하면 정상적이고도 건강한 개인으로 살아가게 되지만, 어떤 단계에서 실패하면 그 단계와 관련된 정신적 결함을 가지고 살아가게 된다

- 에릭슨의 심리사회적 발달 8단계
  - 신뢰 대 불신(생후 1년까지)
  - 자율성 대 수치심과 의심(2세경)
  - 주도성 대 죄책감(3~5세경)
  - 근면성 대 열등감(초등 학령기)
  - 정체성 대 혼돈(청소년기)
  - 친밀감 대 고립감(20~24세)
  - 생산성 대 침체성(중년기)
  - 자아통합 대 절망(노년기)
- 청소년기의 과제
  - 소속감 : 자신이 어느 집단에 속하여 그 집단의 책임과 의무
  - 탐색 : 가족의 울타리 밖에서 새로운 것을 찾아보려고 시도

- 소속감만 있고 탐색할 용기가 없으면 정해진 삶을 살아감(다른 것을 시도 해보지 못함)
- 소속감을 거부하고 새로운 것만 탐색하겠다고 하면 무엇이든 시도만 할 뿐 끝을 맺지 못함
- 소속감과 탐색을 잘 조화시켜 성공적인 정체성을 형성할 수 있도록 지원해야 함

- 에릭슨의 자아정체감
  - 자기가 확립한 자아상, 자기다움
  - 시간의 흐름에 따라 본질적으로 불변하는 자기 자신에 대한 개인적 느낌
  - 자기자신의 독특성에 대해 안정된 느낌을 갖는 것
  - 행동이나 사고, 느낌의 변화에도 불구하고 내가 누구인가를 일관되게 인식하는 것
  - 안정된 정체감을 형성하기 위해서는 신체적·성적 성숙, 추상적 사고 능력의 발달, 정서적 안정이 선행

- 부모나 또래 집단의 영향으로부터 자유로울 수 있어야 함
- 자아정체감과 관련된 질문
  - 가장 근본적이고도 어려운 문제로 고민
  - 질문의 답을 찾아가면서 자아정체감을 형성하기 위한 과정
  - 나는 누구인가?
  - 무엇을 할 것인가?
  - 미래의 나는 어떻게 될 것인가?
  - 어제의 나와 오늘의 나는 같은 인물인가?
- 에릭슨의 자아존중감
  - 자기자신을 가치 있고 긍정적인 존재로 평가하는 개념
  - 자기자신에 대한 광범위하고 포괄적인 긍정 또는 부정적인 평가를 의미
  - 자아개념과 자아존중감은 혼용하여 사용
  - 자아존중감은 평가의 측면을 강조한 자아 개념의 특별한 유형으로 설명

⑥ 피아제의 인지발달이론

- 인지발달
  - 인간이 살아가면서 주변 환경과 끊임없는 상호작용을 통해 현상을 지각하고 평가하며 이해
  - 지적인 능력을 습득하는 과정
- 인지발달 4단계
  - 인지발달 단계를 감각운동기(0~2세), 전조작기(2~6세), 구체적 조작기(6~12세), 형식적 조작기(12세 이후)의 네 단계로 구분
  - (1) 감각운동기
    - 영아기로 감각적 반사운동을 하며 주위에 대해 강한 호기심
    - 대상영속성 : 생후 4개월 미만의 영아는 사물이나 사람이 시야에서 사라지면 그 대상이 존재하지 않는 것으로 인식하는 반면 8개월 이상의 영아는 사물이나 사람이 시야에서 사라지더라도 이것이 계속 존재함을 인식

(2) 전조작기

　－ 유아기로 자기중심성

　－ 사물의 외관에 의존하여 상황을 판단하는 직관적 사고

(3) 구체적 조작기

　－ 아동기(초등학교 시절)로 자기중심성에서 벗어나 여러 형태의 조작에 의해 과학적인 사고와 문제해결이 가능해지는 시기

　－ 자신만의 관점에서 벗어나 상대방의 관점을 이해하기 시작

(4) 형싱적 조작기

　－ 청소년기로 논리적 사고 능력이 증가하므로 문제를 해결함에 있어 구체적인 실체가 없는 자유·정의·사랑과 같은 추상적 개념을 활용

발달단계	특　징	연령
1. 감각·동작기	동작에 의한 학습, 어떤 물체를 다른 각도에서 보아도 동일하다는 것(사물의 실재성)을 인식 못함. 의도적인 반복 행동.	0~2
2. 전조작 사고기	지각과 표상 등의 직접경험과 체험적인 행동. 사물을 단일차원에서 직관적으로 분류. 언어의 발달, 자기중심성의 사고와 언어태도, 비가역성	2~7
3. 구체적 조작기	동작으로 생각했던 것을 머리로 생각할 수 있음. 논리적 사고, 가역성 획득, 언어의 복잡화, 사고의 사회화	7~11
4. 형식적 조작기	추상적 개념의 이해, 문제해결에 있어 형식적 조작이 가능, 사물의 인과관계터득, 문제해결에 가설적용, 가설검증능력, 추리력, 응용력의 발달	11~15

※ 청소년기에 해당하는 단계에 대한 설명

3. 구체적 조작기: 7세에서 12세까지로 아동은 전조작기에서 갖지 못한 가역성이라는 특성을 갖고, 조작 전 상황의 특성들이 회복될 수 있다는 것을 이해한다. 구체적 조작기에 나타나는 사고의 특징은 보존개념의 획득, 유목포함, 분류화, 서열화를 할 수 있다

4. 형식적 조작기: 청소년기가 이 단계에 해당되며 형식적 조작기의 특징은 새로운 상황에 직면했을 때 현재의 경험뿐만 아니라 과거와 미래의 경험을 이용할 수 있으며

체계적인 과학적 사고, 추상적인 사고, 이상주의적 사고를 한다. 즉, 자신과 다른 사람들에게 이상적이었으면 하고 바라는 특성들에 대해 사고하기 시작하여, 그들은 자신이 생각하는 이상적인 기준에 맞추어 자신과 다른 사름을 비교하기도 한다.

- 피아제의 도덕성
  - 타율적 도덕성
    * 4-7세 아동으로 규칙은 신이나 부모와 같은 권위적 존재에 의해 만들어진 것으로 믿으며 그 규칙은 신성하고 변경할 수 없는 것으로 이를 위반하면 벌을 받아야 한다고 생각
  - 과도기적 단계 : 7-10세
  - 자율적 도덕성
    * 10세경의 아동으로 규칙은 사람이 만든 것이고 그 규칙은 변경할 수 있다고 생각하며 상황적 요인을 고려하는 융통성

⑦ 비고츠키의 근접달달영역

- 사회문화적 영향을 받으며 그 맥락 속에서 정신이 구성된다
- 사회적 지식이 내면화 될 때 또래나 성인의 도움은 필수적
- 근접발달영역 : 다른 사람의 안내나 협력을 받으면 과제수행이 가능한 사고수준의 영역
  - 학습자가 하나의 과제를 일상적 독립적으로 수행할 수 있는 사고수준과 어떤 조력을 받아도 수행할 수 없는 사고수준의 사이에 있는 영역
  - 학습과 인지발달이 일어나는 역동적 영역
  - 앞선 또래나 성인의 조력이 중요시되는 영역
  - 제시될 과제의 수준을 가늠해주는 영역

⑧ 반두라의 사회학습이론

- 관찰학습 : 인간이 닮고 싶어 하거나 모방하고 싶어 하는 어떤 모델의 행동을 관찰하여 모방함으로써 학습이 이루어진다

- 관찰학습의 과정 : 주의 → 기억(파지) → 운동재상 → 동기유발
  - 이 중 한 과정이라도 빠지면 사회학습이론의 모형은 불완전한 것이 되며, 성공적 모방이 이루어지지 않음
- 대리강화 : 잠재적인 학습자가 다른 사람이 강화받는 행동을 관찰하고 자신도 그러한 행동을 하는 현상
- 자기효능감 : 자신이 어떤 일을 잘 해낼 수 있다는 개인적 신념으로서 어떤 행동을 모방할지를 결정하는 데 도움

⑨ **콜버그이론**

- 도덕성 발달단계
  - 각기 다른 인지능력이 필요함
  - 크게 3수준으로 나누고, 이를 다시 6단계까지 순서대로 나누며, 순서대로 진행

△ **도덕성**
- 성악을 구별하고 옳고 그름을 바르게 판단
- 인간관계에서 지켜야 할 규범을 준수하는 능력
- 도덕성에 관한 이론은 인지발달이론에서 파생된 것
  - 도덕성발달의 인지적 측면은 피아제에 의해 최초로 제시
  - 콜버그는 피아제의 이론을 기초로 하여 도덕성발달이론을 정립

---

⑩ **브로펜브르너의 생태학적체계이론**

- 사회문화적 관점에 이해하는 이론
- 다섯 가지의 환경체계
  - 미시체계
  - 중간체계
  - 외체계
  - 거시체계

- 시간체계
- 아동을 둘러싸고 있는 직접적 환경부터 문화적 환경까지 모두 포함

⑪ 뒤르켕의 아노미이론

- 아노미의 기본 개념
  - 아노미는 무규범 무질서 가치관혼란이라는 용어
  - 산업화로 인해 사회가 변동하면서 기존의 가치관이 붕괴되 버리고 도덕적 규범이 없는 무규범의 상태가 된 것
- 아노미이론
  - 프랑스 사회학자 뒤르켕이 제시한 이론
  - 아노미현상은 규범을 벗어난 행동을 통제할 만한 장치가 와해된 것
- 문화적 목표와 제도화된 수단에 적응해 나가는 방식
  - 동조형
  - 혁신형
  - 의례형
  - 도피형
  - 반항형

⑫ 낙인이론

- 어떤 사람이 사회에서 '일탈행동'이라고 규정된 행동을 했을 경우 그를 일탈행위자로 낙인찍는 경향이 있기 때문에 오히려 더 저지르게 된다는 견해
- 구성원들이 일탈행위자였던 사람의 경력을 들추어내면서 앞으로도 일탈행동을 할 가능성이 있다고 단정하면서 스스로도 일탈행위자라는 낙인을 당연시하게 되어 일탈행동을 계속한다는 것

⑬ 청소년 통제이론

- 청소년들의 비행을 통제하는 요인이 무엇인가가 관심을 갖는 것

- 사람은 누구나 규범을 어기려고 하는 충동이 있으나 사회적인 통제로부터 자유롭지 못하기 때문에 쉽게 규범을 어기지 못함
- 하위이론
  • 봉쇄이론 : 비행에 대한 부모의 강력한 감독과 억제하고, 학교 등에서 목표와 꿈을 갖게 하여 청소년들이 사회환경에서 비행유발을 갖지 않게 하는 것
  • 사회유대이론 : 가족과 사회에서 강한 유대감을 형성하게 하여 청소년들이 규범과 가치를 잘 수용하며 규칙과 법을 잘 준수하게 하는 것이다. 사회적 유대가 약화되어 사회적 비난이나 제재가 무력화되면 문제행동이 발생됨

⑭ 존 듀이의 경험학습

- '교육은 계속적인 경험의 성장'
- 새로운 경험교육은 일방적인 훈육 대신 자유로운 활동으로, 교과서나 교사를 통한 배움은 경험을 통한 배움으로 대체해야 함
- 경험의 전환을 통해 지식이 창조되는 과정
  • 놀이나 일 등의 구체적인 신체활동과 같은 낮은 수준의 경험에서 지리와 역사와 같은 언어적 상호작용, 그리고 궁극적으로는 합리적·논리적 사고를 위한 높은 수준의 경험으로 성장하는 과정
- 학습자와 교과와의 연속성을 강조
- 모든 경험이 교육적인 것은 아니며 그 안에는 비교육적인 경험도 존재
  • 만약 경험이 즐거움과 같은 즉각적 측면만 있을 뿐 이후의 경험에 긍정적 영향을 미치지 못한다면 이 경험은 가치가 없는 경험
- 존 듀이의 경험 특성
  • 상호작용의 특성
   * 인간 유기체와 환경이 만나서 상호작용을 한 결과로 발생하는 것
   * 교육적으로 가치 있는 경험은 피교육자가 처한 환경이 도달해 있는 성장의 단계에 맞게 조직화

- 연속성의 특성
  * 하나의 활동으로 이루어진 경험이 또 다른 경험의 시작으로 이어지는 것
  * 교육자는 피교육자의 경험이 어떠한 것인지를 주의깊게 관찰해야 하며 그 경험이 1회성으로 그치지 않고 이후에 좀더 깊이 있고 긍정적으로 성장하는 경험이 되도록, 현재의 필요나 역량에 맞추어 좋은 경험적 환경을 제공
- 경험의 성장을 위한 교과발달의 세 단계
  - 놀이나 일 : 구체적인 신체활동으로 무엇인가를 할 줄 알게 되는 단계
  - 지리와 역사를 아는 단계
  * "지금 여기"를 벗어나 지금이 아닌 과거, 여기가 아닌 저기로 확장
  * 익숙한 사물이나 행위가 언어화된 지식으로 그 의미가 풍부하고 깊어지는 단계
  - 과학적 논리적 지식단계
  * 의미가 확장되고 과학적이고 논리적으로 조직(상호작용의 원리)
  * 현재의 경험이 이후의 경험에 긍정적인 영향, 즉 좀더 깊이 있고, 포괄적인 경험이 될 수 있는 역할을 해야 합니다(계속성의 원리)

⑮ **길포드의 창의력이론**

- 창의력을 새로운 사고를 생산해 내는 능력
- 지능구조 : 180개의 상이한 능력요인
  (1) 조작차원
  - 인지
  - 기억저장
  - 기억파지
  - 확산적 사고
  - 수렴적 사고
  - 평가

⑵ 내용영역차원
- 시각적
- 청각적
- 상징적
- 의미론적
- 행동적

⑶ 산출차원
- 단위
- 분류
- 관계
- 체계
- 변환
- 함축

- 생산적 능력
  - 수렴적 사고(conver－gent thinking)
    * 문제를 해결하기 위해 사용하는 사고방식의 한 종류
    * 지식과 논리법칙을 동원하여 여러 가지 가능한 해결책이나 답들 가운데서 최종적으로 가장 적합한 해결책이나 답을 모색해가는 사고방식
  - 확산적 사고(divergent thinking)
    * 미리 예측되지 않은 또는 정해져 있지 않은 다양한 해결책이나 답을 모색하는 사고
    * 문제에 대한 감수성, 사고의 유창성, 융통성, 독창성, 정교성, 재구성력 등이 있으며, 이것들은 창의성과 밀접한 관계
    * 창의적 사고의 개념 형성에 많은 영향
      ※ 창의성에는 유창성, 유통성, 독창성이 가장 중요
- 문제해결 과정에서 수렴적 사고 － 확산적 사고가 함께 일어남
- 창의적 사고 도출

- 확산적 사고 : 다양하고 독특한 아이디어 도출
- 수렴적 사고 : 가장 좋은 결과를 끌어낼 수 있는 아이디어들을 조합

⑯ 가드너의 다중지능이론

- 인간의 지능은 언어, 논리수학, 공간, 신체운동, 음악, 인간친화, 자기성찰, 자연 친화라는 독립된 8개의 지능과 1/2개의 실존지능(종교적·철학적 사고능력으로 뇌에 해당 부위가 없어 반쪽 지능으로 간주)
- 각각의 지능이 조합된 개인의 다양한 재능에 관심을 가져야 함
  - 영역별로 수많은 종류의 천재가 있을 수 있음
- 각 개인이 자신만의 고유한 비범성을 발달시키는 것이 중요

⑰ 마르샤의 정체감 지위 이론

- 개인들의 정체감 형성 수준을 진단하기 위해 두 가지 기준
- 정체성 위기의 경험 유무
  - 정체감을 갖기 위해 노력하는가?
- 과업에 대한 전념 유무
  - 무엇인가에 전념하고 있는가?
- 두 기준의 유무에 따라 정체성을 정체감 혼미, 정체감 상실, 정체감 유예, 정체감 성취의 네 가지 유형으로 분류
- 정체감 혼미 : 위기×, 전념×
  - → 스스로 의문을 가져본 적도 없고, 어떤 일을 왜 하는지에 대해서도 관심이 없는 상태
- 정체감 상실 : 위기×, 전념○
  - → 스스로 생각하거나 의문을 갖지 않고, 타인의 가치를 받아들이는 상태
- 정체감 유예 : 위기○, 전념×
  - → 정체감에 대한 의문을 가지고 정체감을 가지려고 노력하지만, 확신이 없어 자신의 역할이나 과업에 몰두하지 못하고 있는 상태
- 정체감 성취 : 위기○, 전념○

→ 삶의 목표, 가치, 인간관계 등에서 위기를 경험하고, 이를 극복하기 위해 노력을 통해 자아정체감을 확립한 상태로, 현실적이고 안정감이 있으며 자아존중감이 높은 상태

⑱ 허쉬의 사회유대이론

- 사회적 유대가 범죄행위를 억제한다고 주장
- 사람은 무언가에 의해 자신의 행동을 통제하고 있으며, 통제를 하던 그 무언가가 없어지면 범죄행위에 이르게 된다는 것
- 사람은 가족, 학교, 친구와 같은 사회적 집단과 밀접하게 이어져 있는 동안은 범죄행동을 하는 일이 적다
- 사회유대의 결정요소
  - 애착
    * 애정과 정서적 관심을 통하여 개인이 사회와 맺고 있는 유대관계를 의미
    * 부모와의 사랑이나 학교 선생님에 대한 존경심 등에 의하여 형성된다고 하면서 애착을 가장 중요한 요소
  - 약속
    * 규범준수에 따른 사회적 보상에 얼마나 관심을 갖는가에 관한 것
    * 충실한 학교생활은 이후에 더 나은 삶을 보장해 줄 수 있다는 정서 등을 의미
  - 참여
    * 행위적 측면에서 개인이 사회와 맺고 있는 유대의 한 형태
    * 공동의 목표에 얼마나 많은 시간을 투자하고 있는 가로 평가
  - 신념
    * 관습적인 규범의 내면화를 통하여 사회 규범을 준수하야 한다고 믿는 정도에 따라 비행의 발생 가능성이 달라진다고 주장

사회유대이론은 애착이 강할수록 비행의 확률이 낮다고 주장했지만, 청소년이 비행청소년 친구에 대한 애착으로 인해 오히려 비행 가능성이 증대될 수도 있음이 밝혀지는 등 문제점이 있다는 비판도 제기되고 있습니다. 그래도 청소년의 비행 확률은 낮추기 위해서는 부모의 적절한 애정과 정서적 관심이 필요하다는 점에 대하여는 이견이 없습니다.

⑲ **코헨의 비행 하위문화이론**

- 사회경제적 지위가 낮은 계층은 범죄에 대한 관대한 정서를 가지고 있음
- 범죄에 대한 관대함이 범죄행위를 유발하는 하나의 문화적 특성
- 하층문화의 성격을 중산층의 지배문화에 대한 반항문화로 보고 이를 사회경제적 지위가 낮은 계층의 범죄 원인

- 하위계층의 청소년에게 적용시키면, 하위계층 청소년은 중산층이 되려는 목표를 가지나 이러한 목표를 달성할 수 있는 제도적 수단이 충분하지 않으므로 중산층이 지배하는 사회로의 진입이 좌절되고 이러한 개인적 아노미현상(사회규칙이 붕괴되는 무규범 상태)이 집단적으로 발전한 것이 비행하위문화의 형성원인
- 중산층이 되려는 노력을 포기하고 오히려 중산층의 지배문화에 대해 거부하는 문화를 형성하게 되는데 이렇게 형성된 문화는 중산층 문화에 대해 반항문화로서 자리 잡게 되며, 이 문화를 비행하위문화라고 함

PART 2
청소년지도사 면접 기출

1. 청소년지도사 면접 준비하기

△ **청소년지도사 2급 시험과목(8과목)**

① 청소년육성제도론

② 청소년지도방법론

③ 청소년심리 및 상담

④ 청소년문화

⑤ 청소년활동

⑥ 청소년 복지

⑦ 청소년 프로그램 개발과 평가

⑧ 청소년 문제와 보호

△ **청소년지도사 3급 시험과목(7과목)**

① 청소년육성제도론

② 청소년지도방법론

③ 청소년심리 및 상담

④ 청소년문화

⑤ 청소년활동

⑥ 청소년 프로그램 개발과 평가

⑦ 청소년 문제와 보호

△ **평가항목 5가지**

1. 청소년지도사로서의 가치관 및 정신자세

2. 예의, 품행 및 성실성

3. 의사발표의 정확성 및 논리성

4. 청소년에 관한 전문지식과 그 응용능력

5. 창의력, 의지력 및 지도력

> ▶ 위 5가지 영역에서 총 15점 만점 중 <u>10점 이상을 받아야만 합격</u>.
> 5개 영역 중 어느 하나의 영역이라도 면접 위원 2명 이상이 하(1점)
> 평가를 하게 되면 점수와 <u>상관없이 불합격</u>.

△ 면접 시 자세

1. 면접 태도 - 표정관리

- 모르는 질문에 당황하거나 주눅 든 표정을 짓지 않는다.
- 모르는 질문도 성실하게, 자신감 있고 명료한 대답으로 아는 부분까지 답한다.

2. 면접 태도 - 시선처리

- 바람직한 시선처리
  - 눈의 위치는 차분하게 눈 맞춤을 하되 너무 계속 바라보지 않도록 한다.
  - 긴장될 경우 면접관의 이마, 미간, 넥타이 부분을 보며 긴장을 낮춘다.
  - 다른 면접자가 질문을 받을 경우, 질문을 받는 면접자를 바라본다.
- 하지 말아야 할 시선처리
  - 눈을 자주 깜박이는 행위
  - 안구를 좌우로 굴리는 행위(곁눈질을 하는 행위, 눈을 흘기는 행위)
  - 상대방을 아래위로 훑어보는 행위

3. 면접 태도 - 외관준비

- 준비할 의상
  - 공통적으로 12월에 면접이 진행되므로, 따뜻한 의상
- 남자 수험생의 경우
  - 갖춰 입되 딱딱한 정장(×)

(예시. 니트, 셔츠, 슬랙스 또는 청바지, 맨투맨은 장식이 요란하지 않도록)

- 여자 수험생의 경우
  - 너무 짧거나 얇은 옷, 딱딱한 정장(×)
  (예시. 니트, 셔츠, 슬랙스 또는 청바지, 원피스 등)

4. 면접시 질문과 답변

- 면접시 질문형식
  - 시험장에서 면접관 한 분당 수험생을 직접 지목하여 한 명씩 문제를 질문한 경우가 일반적이다.
  (예시. 면접번호 3번분 ~에 대해 설명해주세요.)
  - 면접관이 공통사항으로 질문한 문제에 대해 수험생이 정확한 답변을 못할 경우 아는 사람은 손을 들고 답변하라고 하는 경우도 있다.
  (예시. ~에 대해 알고계시는 분 있으시면 손들고 답변해주세요.)
  - 동일 문제의 수험생 답변에 대해 다른 수험생을 지목하여 추가답변을 요구하기도 한다.
  (예시. 1번분의 답변에 대해 3번분이 보충해서 설명해주세요.)
- 면접시 답변형식
  - 1분 동안 답변한다고 생각한다.
  - 나의 의견과 생각을 논리정확하고 간결하게 해야 한다.
  - 10초는 서두, 11~49초는 본론, 마지막 10초를 결론. 내용을 간단하게 설명하되 장황한 표현은 삼간다.
  - 음성은 또렷하고 조용하면서도 분명하게 한다.
  - 긍정적이고 적극적인 어투를 사용한다.
  - 답변을 할 때에는 "ㅇㅇ같은데요"와 같은 불확실한 답변은 하지 말고 "ㅇㅇ입니다. 또는 ㅇㅇ라고 생각합니다" 등 의사를 정확하고 차분하게 말한다.
  - 긴장하지 않도록 마음의 여유를 갖도록 노력한다.
  - 준비된 학습자세를 보여라.

2. 청소년지도사 면접 기출 문제 1
(청소년지도사로서의 자세)

☆ 자기소개

〈자기소개를 직접 작성해보세요〉

Tip. 자기소개는 천천히 또박또박 읽었을 때, 30초~1분 정도 소요되는 것이 좋습니다. 특히 지나친 자기 자랑보다는 자신의 장점과 단점을 고르게 이야기하거나 자신의 단점을 솔직히 이야기하고, 어떻게 극복하고 있는지 등 솔직한 자신의 모습을 드러내는 것이 중요합니다.

☆ 자신의 장단점과 청소년지도사

〈답변을 직접 작성해보세요〉

Tip. 자신의 장점뿐 아니라 단점을 물어볼 수도 있습니다. 단점을 어떻게 극복하고 있는지도 미리 작성해 보세요!

기출문제

- 본인이 가지고 있는 강점이 무엇이며, 이 강점이 청소년지도사로서의 역할 수행에 어떠한 도움을 줄 것이라고 생각합니까?
- 청소년지도사로서 자신의 강점을 활동현장에서 어떻게 활용할 계획인가?

☆ 청소년지도사를 위한 노력

〈답변을 직접 작성해보세요〉

기출문제

- 본인이 청소년지도사가 되기 위해 어떤 노력을 하셨나요?
- 전문성 있는 청소년지도사가 되기 위해 앞으로 어떠한 노력을 할 계획인가?
- 청소년지도사가 되기 위해 어떠한 노력을 기울였는지 구체적으로 설명해 보시오.

☆ 바라는 청소년지도사 상

〈답변을 직접 작성해보세요〉

기출문제

- 어떤 청소년지도사가 되고 싶은가?
- 바람직한 청소년지도사의 모습이란 무엇입니까?
- 바람직한 청소년 지도사상에 대해서 이야기해 보세요.
- 만나본 청소년지도사 중에 롤모델이 있는가? 있다면 그 이유는 무엇인가?
- 청소년지도사의 특별한 철학이나 접근법 / 청소년지도사로의 철학?
- 청소년지도사의 사명은 무엇이라고 생각합니까?
- 만나본 청소년지도사 가운데 신뢰감이 떨어지는 지도사가 있었는가? 있었다면 그렇게 생각한 이유를 설명하고, 어떠한 부분에 주의해야 한다고 생각하는지 말해 보시오.

☆ 청소년지도사가 되고 싶은 동기

〈답변을 직접 작성해보세요〉

기출문제

- 왜 청소년지도사가 되고 싶다고 생각했나요?
- 청소년지도사가 되고자 하는 동기
- 왜 청지사가 되려고 하십니까?

☆ 청소년의 다양한 문제

〈답변을 직접 작성해보세요〉

기출문제

- 청소년 문제 중에서 본인이 중요하다고 생각하는 문제와 대안은?
- 요즈음 이슈가 되고 있는 청소년문제는 무엇이라고 생각하며, 본인이 생각하는 해결방안에 대해 말해 보시오.
- 청소년 문제가 다양하게 존재하는데 청소년지도사로서 대응책을 말해 보시오
- 청소년이 "엄마는 제 말은 안 듣고, 엄마 말만 따르라고 하는데, 왜 엄마 말만 따라야 하나요?"라고 말하면서 상담을 요청하면, 청소년지도사로서 어떻게 대처할 것인가?
- 요즈음 청소년들의 언어생활에 대하여 어떻게 생각하는가?

☆ 청소년관련 다양한 이슈

〈답변을 직접 작성해보세요〉

기출문제

- 청소년에 관한 강연을 의뢰받는다면, 어떤 주제의 강연을 하고 싶은가?
- 현재 청소년 관련 이슈 가운데 가장 관심을 가지고 있는 이슈는 무엇인가?
- 요즘 청소년의 관심을 알려면 어떻게 하는지?
- 청소년에 대해서 사회의 부정적인 시각을 극복하는 방법
- 청소년들과의 세대 차이를 극복하기 위한 방안은 무엇이 있나요?
- 청소년들과 거리를 좁히기 위해서 지도사들은 무엇을 해야 하는가?

- 청소년들에게 질문 시 '몰라요' 등과 같이 답변이 짧게 나오는 경우가 많은데 왜 이런 대답이 나오는지 자신의 생각을 말해 보세요.
- 비자발적으로 청소년활동에 참여한 청소년은 소극적이다. 이러한 청소년에게는 능동적 참여를 위한 동기유발이 필요하다. 당신은 어떠한 방법을 가지고 있는가? 있다면 무엇인가?
- 청소년과의 의사소통에서 어려운 점과 개선방안에는 무엇이 있을까요?

☆ 청소년지도사관련 다양한 이슈

〈답변을 직접 작성해보세요〉

기출문제

- 청지사를 공부하시는데 부족한 부분이 있다면 무엇입니까?
- 청소년지도사를 공부한 전·후, 청소년에 대한 인식은 어떻게 달라졌나요?
- 청소년지도사가 되기 위해 수강하였던 과목 중 가장 흥미 있었던 과목은 무엇이며, 지도사의 역할에 어떻게 접목할 계획인가?
- 청소년 지도대상으로 가장 관심을 가지는 연령이나 학령을 이야기하고, 그 이유를 설명해 보시오.
- 청소년지도사가 된다면 청소년을 위해 어떤 부서에서 어느 분야의 일을 하고싶으신가요. 구체적으로 이야기해 보세요?
- 근무하고 싶은 청소년활동 분야는 어디인가요?

3. 청소년지도사 면접 기출 문제 2(청소년 관련 이론)

(1) 청소년기본법

☆ 청소년의 정의

Tip. 청소년의 법적인 정의뿐 아니라 자신의 생각도 함께 표현할 수 있어야 합니다.

기출문제

- 청소년 기본법에서 제시하고 있는 청소년의 정의에 대하여 말해 보시오.
- 청소년의 법적인 정의에 대하여 설명해 보시오.
- 청소년의 법률적 정의를 하시오.
- 관계법령에서 규정하고 있는 청소년의 나이에 대하여 설명해 보시오.
- 청소년 시기의 특징에 대해서 말해 보시오.
- 청소년과 성인의 차이점에 대하여 설명해 보시오.
- 청소년지도사에게 청소년의 존재는 어떤 존재인가?
- 청소년기의 상상적 청중과 개인적 우화에 대해 간략히 설명해 보시오.
- 질풍노도의 시기란 무엇을 말하는 것인가?

☆ 청소년지도사의 정의

기출문제

- 청소년지도사는 무엇을 하는 사람이라고 생각하나요?
- 청소년 지도사 법조항에 대하여 설명해 보시오.
- 청소년 지도사에 대해 정의해 보시오.
- 청소년과 청소년지도사는 어떤 관계라고 생각하는가?
- 청소년지도사의 장점 및 한계점에 대하여 이야기해 보시오.

☆ 청소년지도사 자격요건과 배치기준

기출문제

- 청소년지도사 자격요건
  - 청소년 지도사 2급 자격 검정과목은 무엇이 있나요?
  - 청소년의 육성제도론 이란 무엇인지 설명해 보시오.
  - 청소년 지도사 자격검정은 무슨 법에 근거하고, 검정과목은 무엇이 있나요?
  - 청소년 지도사의 자격요건은 어떻게 되나요?
- 청소년지도사 배치기준
  - 청소년수련관과 청소년수련원의 청소년지도사 배치기준을 설명해 보시오.
  - 청소년 지도사 배치기준

☆ 청소년지도사의 덕목

기출문제

- 청소년지도사의 덕목은 무엇입니까?
- 존경받는 청소년지도사가 되기 위한 핵심덕목 세 가지를 들고, 그 이유를 설명해 보시오.

☆ 청소년지도사의 역할

```
┌─────────────────────────────────────────────┐
│                                             │
│                                             │
│                                             │
│                                             │
│                                             │
│                                             │
│                                             │
└─────────────────────────────────────────────┘
```

기출문제

- 청소년지도사의 역할에 대하여 설명해 보시오.
- 청소년지도사가 청소년들에게 어떠한 영향을 미칠 수 있다고 생각하는가?
- 청소년지도사의 사회적 역할은 무엇인가요?
- 청소년지도사는 지역사회의 청소년유관기관과 연계협력을 잘 맺어야 한다. 어떻게 연계협력을 이끌어 낼 것인가?
- 진로체험을 온 청소년들이 있다고 가정하자. 이 청소년들에게 청소년지도사의 직업에 대하여 설명을 보시오.

☆ 청소년지도사의 태도

```
┌─────────────────────────────────────────────┐
│                                             │
│                                             │
│                                             │
│                                             │
│                                             │
│                                             │
│                                             │
└─────────────────────────────────────────────┘
```

기출문제

- 청소년을 잘 이해하기 위해서 청소년지도사는 어떠한 태도를 견지해야 한다고 생각합니까?
- 청소년지도사가 가져야 할 품성은 무엇이라고 생각하는가?

☆ 청소년지도사의 책임과 의무

기출문제

- 청소년지도사로서의 사회적 책임과 의무
- 청소년지도사의 직무는 무엇인가요?

☆ 청소년지도사의 전문적 지식과 스킬

- 청소년지도사가 갖춰야 할 전문적 지식에 대하여 설명해 보시오.
- 청소년지도사의 전문 기술(스킬)에 대하여 설명해 보시오.

☆ 청소년지도사의 책임과 의무

기출문제

- 청소년지도사가 필요한 이유는?
- 우리 사회가 청소년지도사를 필요로 하는 이유는 무엇일까?
- 청소년지도사는 전문직업인이다. 청소년지도사의 미래전망은 어떻다고 생각하는가?

☆ 청소년지도사의 역량과 자질

기출문제

- 청소년지도자의 역량에 대하여 설명해 보시오.
- 청소년지도사가 갖춰야 할 역량에 대하여 이야기해 보세요.
- 청소년지도사의 자질이 무엇이라 생각하는가?
- 청소년지도사가 갖춰야 할 역량은 무엇이며, 가장 우선시 되는 역량은 무엇이라고 생각하는가?

☆ 청소년지도사의 리더십

기출문제

- 청소년지도자의 리더십과 자질에 대하여 간략히 설명해 보시오.
- 청소년지도사에게 필요한 리더십은 무엇이라고 생각하는가?

☆ 청소년지도사와의 비교

〈청소년지도자〉

〈사회복지사〉

〈학교 교사〉

기출문제

- 청소년지도사와 청소년지도자의 차이점에 대하여 말해 보시오.
- 청소년지도사와 학교 교사의 공통점과 차이점은?
- 사회복지사, 학교 교사와 구별되는 청소년지도사의 역할은 무엇인가?
- 학교 교사와 청소년지도사의 차이점
- 일반지도자와 청소년지도사의 차이점
- 학교 교사와 달리 청소년지도사가 청소년을 대하는 자세는 무엇이라고 생

각하는가?

- 학교 교사와 청소년 지도사를 비교했을 때 청소년지도사가 부족한 점은 무엇이라고 생각하는가?
- 청소년지도사와 사회복지사의 차이점을 설명해 보시오.
- 청소년지도자란 무엇인지 그 정의에 대하여 설명해 보시오.

☆ 청소년 기본법

기출문제

- 청소년 기본법의 제정목적을 설명하고, 청소년 기본법을 근거로 제정된 법에는 무엇이 있는지 설명해 보시오.
- 청소년관련 법률 가운데 가장 근본이 되는 법률은 무엇이며, 그 법률의 제정 목적을 말하시오(Tip. 청소년 기본법).
- 청소년 기본법의 목적과 이념, 추진방향에 대하여 설명해 보시오.
- 청소년 기본법이 만들어지기 전과 후의 우리나라 청소년정책 차이에 대해서 말하시오.

☆ 청소년육성전담공무원

기출문제

• 청소년육성 전담공무원제도가 무엇인지 설명해 보시오.

☆ 청소년육성기금

기출문제

• 청소년 육성기금의 재원은 어떻게 마련되며, 그 용도에 대하여 설명해 보시오.

- 청소년육성기금의 모음과 조성에 대하여 본인의 생각을 말해 보시오.
- 청소년 육성기금의 정의와 요즘 육성기금이 고갈되는 원인에 대하여 설명해 보시오.

(2) 청소년활동진흥법

☆ 청소년활동법

기출문제

- 청소년 활동진흥법에 대하여 간략히 설명해 보시오.

☆ 청소년활동의 정의

Tip. 청소년활동(수련활동, 교류활동, 문화활동)의 정의를 이용하여 자신만의 답을 만들어야 합니다.

기출문제

- 청소년활동에 대하여 설명해 보시오.
- 청소년활동에 대하여 간략히 설명해 보시오.
- 청소년활동이 청소년에게 필요한 이유는?
- 청소년 활동의 종류에 대하여 간략히 설명해 보시오.
- 청소년 활동이 어떤 법률에 적용이 되나요?
- 청소년활동의 법적 정의와 종류에 대하여 설명해 보시오.
- 청소년 기본법상의 청소년활동의 영역에 대하여 설명해 보시오.
- 청소년활동의 교육적 가치와 효과에 대하여 이야기해 보시오.
- 청소년 활동을 전개하실 때, 전개방법에 대하여 설명해 보시오.
- 청소년 활동의 3요소는?

☆ 청소년수련활동

기출문제

- 청소년수련활동의 개념에 대하여 설명해 보시오.
- 청소년 수련활동의 구성요소는 무엇입니까?
- 청소년 수련거리에 대하여 설명해 보시오.

- 당신이 수련시설의 시설장이라면 어떤 수련거리를 중점적으로 실시하고 싶은가? 이 수련거리를 위해서 필요한 시설이나 설비는 무엇이라고 생각하는가?
- 청소년활동을 하던 중 청소년이 큰 부상을 당했다. 어떻게 대처할 것인가?

☆ 청소년문화활동

기출문제

- 청소년 문화활동의 종류에 대하여 이야기해 보세요.
- 청소년활동의 세 가지 세부활동은 무엇이며, 그 중 청소년문화활동에 대하여 설명해 보시오.
- 요즘 청소년들의 문화에 대해 설명해 보시오.
- 요즘 청소년문화 중에서 이것만은 바꿔어야 한다고 생각하는 것은?

☆ 청소년교류활동

기출문제

• 청소년 교류활동과 관련이 있는 청소년 국제 교류센터에 대하여 설명해
  보시오.

☆ 청소년육성의 정의

Tip. 청소년육성의 정의를 정리함과 더불어 청소년활동과 비교를 할 수 있어야 합니다.

기출문제

- 청소년육성과 활동에 대하여 비교해서 설명해 보시오.
- 청소년육성과 청소년활동의 차이를 설명해 보시오.
- 청소년육성과 관련된 법체계에 대하여 설명해 보시오.
- 청소년육성영역의 각론적 법에 대하여 설명해 보시오.
- 청소년육성에서 육성의 의미는 무엇인지 설명해 보시오.
- 청소년육성을 정의해 보시오.
- 교육과 육성의 차이에 대하여 설명해 보시오.
- 청소년육성정책에 대해 잘되고 있는 것은 어떤 것이며 만약 잘 되고 있지 않다면 왜 그런지 설명해 보시오.

☆ 한국청소년활동진흥원

기출문제

- 한국청소년활동진흥원은 어떠한 일을 하는 곳인지 설명해 보시오.
- 청소년 활동 진흥원에서 하는 일에 대하여 간략히 설명해 보시오.
- 한국청소년활동 진흥원에 대하여 설명해 보시오.

☆ 청소년수련시설

```
┌─────────────────────────────────────────┐
│                                         │
│                                         │
│                                         │
│                                         │
│                                         │
│                                         │
│                                         │
│                                         │
│                                         │
└─────────────────────────────────────────┘
```

기출문제

- 청소년활동 진흥법상 청소년수련시설의 종류를 나열하고, 각 시설에 대하여 간략하게 설명해 보시오.
- 청소년 수련시설(청소년 활동시설 6가지)의 종류는 무엇이 있는가?
- 청소년 수련시설(청소년 특화시설 8가지)에는 무엇이 있는지 간략히 설명해 보시오.
- 청소년 수련관은 무엇을 하는 곳 입니까?
- 청소년 수련관과 지역아동센터를 비교 설명해 보시오.
- 청소년 수련원과 유스호스텔의 차이를 말해 보세요.
- 청소년 수련원의 역할은 무엇인가요?
- 청소년 문화의 집에 대하여 설명해 보시오.

☆ 청소년수련시설(국립수련원)

기출문제

- 우리나라의 국립청소년 수련원 다섯 개는 어디에 있나?
- 5대 국립청소년수련시설의 명칭과 기능에 대하여 설명해 보시오.

☆ 청소년수련시설 경험과 문제점

기출문제

- 청소년 기관에 방문한 적이 있는가(있었다면 문제점이 무엇이 있었는지?).

- 청소년시설의 방문 경험이 있는지, 있다면 어떠한 점을 느꼈는가?
- 현재 청소년수련시설이 가지고 있는 한계점은 무엇이며, 이를 개선하기 위한 방법으로는 무엇이 있다고 생각하는가?
- 청소년 시설의 문제점은 무엇인가요?

☆ 청소년이용시설

기출문제

- 청소년 이용시설의 종류에 대해 설명해 보시오.

☆ 청소년단체

기출문제

- 특별법에 의해 설립된 우리나라의 청소년단체는 무엇이 있는지 설명해 보시오.
- 청소년단체에 대하여 설명해 보시오.
- 청소년단체가 하는 일은?

☆ 청소년프로그램

기출문제

- 청소년들의 흥미를 유발하면서 프로그램을 진행할 수 있는 방법이 있다면 이야기해 보세요.
- 청소년활동 프로그램 중 가장 관심을 가지고 있는 프로그램은 무엇이며, 그 이유는 무엇인가?
- 공식적으로 정해져 있는 프로그램 말고 본인이 생각해본 프로그램이 있는지? 왜 그것을 하고 싶은지 설명해 보시오.
- 청소년 프로그램을 왜 해야 합니까?
- 청소년 프로그램은 어디에서 실행 하나요?
- 프로그램과 커리큘럼의 차이에 대하여 설명해 보시오.

- 프로그램을 개발해 본 경험이 있는가? 있다면 그 프로그램을 소개해 보시오. 경험이 없다면 어떤 프로그램을 개발해 보고 싶은가? 그 이유를 포함하여 설명해 보시오.

☆ 청소년프로그램 개발단계

기출문제

- 프로그램 개발은 무엇이며, 프로그램 개발자의 역할은 무엇입니까?
- 청소년활동 프로그램 개발과정의 단계를 말해보시오.
- 청소년 프로그램 개발단계에 대하여 설명해 보시오.
- 청소년 프로그램 개발 단계를 설명하고, ○○번 수험생이 생각하는 가장 중요한 단계는 무엇이며 그 이유에 대하여 말해 보시오.
- 청소년프로그램 개발 첫 단계에서 수행해야 할 내용이 무엇인지 설명해 보시오.
- 청소년프로그램 개발의 마지막 단계가 무엇인지 설명하고, 그 단계가 가지는 가치는 무엇이라고 생각하는지 말해 보시오.
- 청소년 프로그램을 개발하기 위해서 어떤 점을 고려해야 된다고 생각하는가?
- 마케팅 혼합요소에 대해 설명해 보시오.

☆ 청소년프로그램(특정대상)

기출문제

- 입시 스트레스를 받고 있는 고3 입시생에게 도움을 줄 수 있는 활동프로 그램으로 어떤 것이 있을까? 없다면 어떤 프로그램을 개발하고 싶은가?
- 농촌(어촌) 청소년을 대상으로 활동프로그램을 개발하거나 실시한다면 어떤 내용이 적합할까?

☆ SWOT

기출문제

- SWOT란?
- 청소년프로그램 개발에서 종종 사용하는 SWOT 분석에 대하여 말해 보시오.

☆ 청소년참여기구

기출문제

- 청소년 참여기구 3가지는?
- 청소년참여기구에는 어떤 종류가 있으며, 그 각각에 대하여 간략하게 설명해 보시오.
- 청소년 참여 위원회에 대하여 간략히 설명해 보시오.
- 청소년 운영위원회는 무엇을 하는 곳 입니까?
- 청소년 특별회의에 대하여 설명해 보시오.
- 청소년참여 촉진제도나 규정에 대하여 알고 있다면 그 내용을 말해 보시오.

☆ 청소년수련활동인증제

기출문제

- 인증위원회에 대하여 아는 대로 설명해 보시오.
- 청소년수련활동인증제는 무엇이며, 그 특징과 현황에 대하여 간략히 설명해 보시오.
- 청소년수련활동인증제에 대하여 설명해 보시오.
- 청소년수련활동인증제의 인증기준은?
- 청소년수련활동인증제에서 인증수련활동 유형 및 인증기준은 무엇인가?
- 청소년수련활동인증제에서 사전인증을 받아야 할 청소년활동은 무엇인지 말해 보시오.

☆ 청소년수련활동신고제

- 청소년수련활동신고제에 대하여 설명해 보시오.
- 청소년수련활동신고제를 설명하고, 신고대상 수련활동이 무엇인지 말해 보시오.
- 청소년수련활동 중 신고제의 대상이 아닌 4가지를 설명해 보시오.

☆ 국제청소년성취포상제

기출문제

- 국제청소년성취포상제란 무엇입니까?
- 국제청소년성취포상제의 문제점에 대하여 이야기해 보시오.
- 국제청소년성취포상제에 대해 설명해 보고, 왜 국제청소년성취포상제를 해야 하는지 그 이유에 대하여 설명해 보시오.
- 국제청소년성취포상제와 청소년활동이 무슨 관계가 있는지 말해 보세요.
- 국제청소년성취포상제의 목적과 내용에 대하여 간략하게 설명해 보시오.
- 국제청소년성취포상제의 이념과 목적에 대하여 설명하시오.
- 국제청소년성취포상제의 포상기준에 대하여 설명하시오.

☆ 청소년자기도전 포상제

기출문제

• 청소년자기도전포상제에 대하여 설명해 보시오.

☆ 자유학기제

기출문제

• 자유 학기제를 실시하는 청소년들에게 청소년 지도사가 어떤 도움을 줄 수 있는가?

- 자유학기제에 대하여 설명하고, 자유학기제를 맞이한 청소년 기관은 어떤 역할을 수행해야 하는지 설명해 보시오.
- 자유학기제는 왜 실시하게 되었는지, 그 이유에 대하여 본인의 견해를 말해 보시오.
- 청소년지도사로서 자유학기제 시행과 관련하여 청소년활동과 어떻게 연계할 것인가?

☆ 청소년자원봉사활동

기출문제

- 청소년 자원봉사활동에 대하여 설명해 보시오.
- 청소년 자원봉사활동이 청소년의 성장에 미치는 영향에는 무엇이 있나요?
- 청소년 자원봉사활동의 문제점과 대책은 무엇이 있는지 이야기해 보시오.
- 청소년 자원봉사 활동의 도입배경에 대하여 설명하시오.

☆ 청소년동아리활동

기출문제

- 청소년 동아리 활동에 대하여 설명해 보시오.
- 청소년 동아리 가운데 어떤 동아리에 관심을 가지고 있으며 그 이유는 무엇인가?

☆ 청소년문화존과 어울림마당

기출문제

- 청소년문화존
  - 청소년문화존이란 무엇인가?
  - 청소년문화존에 대하여 설명해 보시오.
  - 청소년문화존이 청소년 활동과 무슨 관계가 있나요?
  - 청소년문화존이 왜 필요한지 이야기해 보세요.
  - 청소년문화존은 어디에서 시행합니까?
  - 내 고장의 문화존은 어디에 있으며, 가보신 적은 있나요?
- 청소년어울림마당
  - 청소년어울림마당 사업에 대하여 설명해 보시오.

(3) 청소년복지지원법

☆ 청소년복지지원법

기출문제

- 청소년복지지원법에 대해 설명해 보시오.
- 청소년복지지원법의 주요 내용은 무엇인가?
- 청소년복지지원법의 특별지원청소년은?

☆ 청소년상담복지개발원

기출문제

- 청소년상담복지개발원은 어떠한 역할을 수행하는 곳인지 설명해 보시오.

☆ 청소년상담복지센터 1388

기출문제

- 시·도 청소년상담지원센터에 대해 설명해 보시오.
- 청소년상담복지센터에서 실시하는 사업에 대하여 설명해 보시오.
- Help Call 청소년전화 1388에 대하여 간략히 설명해 보시오.

☆ CYS-Net의 정의

Tip. CYS-Net, 지역사회청소년통합지원체계, 청소년안전망(2021)은 다 같은 서비스를 나타냅니다. 세 명칭을 모두 기억하는 것이 중요합니다.

기출문제

- 지역사회청소년통합지원체계(CYS-Net)에 대하여 설명해 보시오.
- CYS-Net(Community Youth Safety-Net)이란?
- CYS-Net의 청소년 지원프로그램은 무엇이 있는가?

△ Wee프로젝트기출문제

- Wee사업에 대하여 설명해 보시오.
- Wee센터가 무엇입니까?
- CYS-Net과 Wee센터의 차이점은 무엇입니까?

☆ 청소년동반자

기출문제

- 청소년동반자(YC) 프로그램에 대하여 설명하고, 청소년동반자의 자격에 대하여 설명해 보시오.
- 청소년동반자(Youth Companion: YC) 프로그램이란 무엇인가?

☆ 1388청소년지원단

기출문제

- 1388청소년지원단에 대해 설명해 보시오.

☆ 멘토링과 아웃리치

（빈 칸）

기출문제

- 멘토링이 무엇인지 설명 하시고, 멘토가 된다면 어떻게 하시겠습니까?
- 청소년 아웃리치 서비스란?

☆ 청소년복지시설

（빈 칸）

기출문제

- 청소년복지법에 의해서 운영되고 있는 시설은?

☆ 학교밖청소년

기출문제

- 학교 밖 청소년 지원센터(꿈드림센터)의 사업에 대하여 설명해 보시오.
- 학교 밖 청소년 지원사업이나 학교 밖 청소년 지원정책에 대하여 알고 있다면 이를 통해 학교 밖 청소년에게 어떠한 지원을 하고 있는지 세 가지 정도를 말해 보시오.
- 학교를 중퇴한 청소년을 만났다면 어떻게 지도할 것인가?

☆ 청소년 쉼터

기출문제

- 청소년쉼터의 유형은 몇 가지가 있으며, 그 각각에 대하여 설명해 보시오.
- 청소년 복지시설인 청소년쉼터란 무엇인가?
- 청소년쉼터에 대하여 아는 대로 설명하고 청지사가 된다면 어떻게 지도하겠는가?

☆ 청소년증

기출문제

- 청소년증에 대하여 설명해 보시오.
- 청소년증은 누구에게 발급되나?
- 청소년증이 무엇인가?

☆ 다문화 청소년

기출문제

- 다문화 청소년에 대한 지원방안에 대하여 이야기해 보세요.
- 다문화 가정과의 문화교류에 대한 본인의 의견을 이야기해 보세요.

☆ 방과후 아카데미

기출문제

- 청소년방과후 아카데미 사업에 대하여 설명해 보시오.
- 방과후 아카데미에 대하여 간략히 설명해 보시오.

- 방과후 학교와 방과후 아카데미
  - 청소년 방과후 활동과 아카데미의 차이점은 무엇인가?
  - 방과후 학교는 왜 해야 하는가?
- 청소년공부방과 방과후 아카데미
  - 공부방과 방과후 아카데미의 차이점을 설명해 보시오.
  - 청소년공부방이란 무엇인가요?
- 지역아동센터와 방과후 아카데미
  - 지역아동센터란 무엇이고, 지역아동센터의 문제점과 개선점에 대하여 설명해 보시오.

(4) 청소년 보호법

☆ 청소년 보호법

기출문제

- 청소년 보호법은 무엇인가?

☆ 청소년 보호시설

기출문제

- 청소년 보호시설에 대하여 간략히 설명해 보시오.
- 청소년성장캠프란 무엇인가?

☆ 청소년 유해환경감시단

기출문제

- 청소년 유해환경감시단이란?
- 청소년 유해환경감시단과 청소년 스스로지킴이의 차이점은?

☆ 청소년 스스로지킴이

기출문제

- 청소년 스스로지킴이에 대하여 설명해 보시오.

☆ 청소년보호 중앙점검단

기출문제

- 청소년보호 중앙점검단이란 무엇입니까?

☆ 청소년에게 유해한 환경

기출문제

- 청소년 유해환경에 대하여 설명해 보시오.
- 청소년 유해환경은 무엇이 있으며, 그 유해환경에 대하여 설명해 보시오.
- 청소년 유해약물의 정의에 대하여 설명하고, 유해약물에는 어떤 것이 있는지 예시를 들어보시오.
- 청소년 유해물건에 대하여 설명해 보시오.

☆ 청소년의 가출

Tip. 청소년지도사가 모든 문제의 답을 줄 수는 없다는 걸 기억해야 합니다. 가출 청소년을 도울 수 있는 기관을 미리 체크하세요.

기출문제

- 가출 청소년의 선도방안 및 예방대책은 무엇인가?
- 가출 청소년들을 위한 프로그램과 참여 유도방법은?
- 가출 청소년을 만났다. 청소년지도사로서 어떻게 대처할 것인가?
- 가출 청소년에 대해 어떻게 생각하세요?
- 가출 청소년의 원인은 무엇이고, 대책은?

☆ 청소년의 인터넷, 스마트폰

Tip. 청소년지도사가 모든 문제의 답을 줄 수는 없다는 걸 기억해야 합니다. 청소년의
인터넷, 스마트폰에 대해 도움을 줄 수 있는 기관을 미리 체크해 보세요.

기출문제

- 청소년의 인터넷 중독 예방을 위한 청소년정책에 대하여 설명해 보시오.
- 스마트폰을 한시도 손에서 떼어놓지 못하는 스마트폰 중독 청소년이 주변에 있다. 그 부모로부터 도움을 요청받았다. 청소년지도사로서 어떻게 대처할 것인가?
- 청소년들이 인터넷에 빠지는 이유에 대해 말해보시오.
- 청소년의 게임 중독과 그 원인에 대하여 설명해 보시오.
- 인터넷 중독, 음란물 중독 문제청소년에 대한 국가적 대책은 무엇인가?

☆ 청소년의 음주와 흡연

Tip. 청소년지도사가 모든 문제의 답을 줄 수는 없다는 걸 기억해야 합니다. 청소년의
음주와 흡연에 대한 의견을 미리 작성해 보세요.

기출문제

• 음주 및 흡연을 하는 청소년들에게 지도를 하자 그 청소년 중 1명이 "어
른들은 하면서 왜 우리는 못 하게 하나요?"라고 되묻는다면 어떻게 지도
를 할 것인가?

☆ 청소년의 성

Tip. 청소년지도사가 모든 문제의 답을 줄 수는 없다는 걸 기억해야 합니다. 청소년의
성문제를 도울 수 있는 기관을 미리 체크해 보세요.

기출문제

- 성매매를 시도하는 청소년을 만났다 청소년지도사로서 어떻게 대처할 것인가?
- 미성년자 성매매의 원인과 바람직한 대응방안에 대한 본인의 생각은?
- 청소년 성매매에 대한 원인과 대처방안에 대하여 이야기해 보세요.
- 청소년 성문제에 대해서 어떻게 생각하시나요? 그 대책은?
- 청소년 성 접촉의 가장 큰 문제점은 무엇이라고 생각합니까?
- 청소년들 간의 성폭력에 대하여 본인의 의견을 설명해 보시오.

☆ 청소년의 자살

Tip. 청소년지도사가 모든 문제의 답을 줄 수는 없다는 걸 기억해야 합니다. 자살생각이 있는 청소년을 도울 수 있는 기관을 미리 체크해 보세요.

기출문제

- 청소년 자살과 예방대책에 대하여 본인의 의견을 말해 보시오.
- 청소년 자살의 원인이 될 수 있는 것들에 대하여 말해 보시오.
- 주변의 청소년이 자살하려고 한다면 어떤 대책을 강구 할 것인가?
- 요즘 청소년 자살률이 높은 데 청소년들의 자살예방의 대처방안에는 무

엇이 있나요?

• 성적 스트레스 때문에 자살 충동을 느끼는 청소년들에게 청소년지도사의
  개입방법은?

☆ 청소년과 학교폭력

Tip. 청소년지도사가 모든 문제의 답을 줄 수는 없다는 걸 기억해야 합니다. 청소년을
    도울 수 있는 기관을 미리 체크해 보세요.

기출문제

• 집단따돌림의 원인과 해결책에 대하여 이야기해 보시오.
• 학교폭력과 대체방안에 이야기해 보시오.
• 학교폭력에 대처하기 위해 시행되는 정부의 시책에 대하여 무엇이 있는
  지 설명해 보시오.

(5) 그 외 청소년 관련 법

☆ 소년법

Tip. 청소년지도사는 청소년의 입장을 한번 더 생각해 줄 수 있어야 하지만, 무조건적인 청소년 입장만을 생각해서도 안됩니다. 한쪽으로 치우치지 않되, 청소년의 시기적 특징과 욕구 등을 반영한 청소년지도사 관점에서 생각해 보세요.

기출문제

- 범죄를 저지른 청소년들에게 다시 사회에 적응할 수 있도록 기회를 주어야 하는가, 아니면 처벌의 강도를 높여야 하는가?
- 미성년자 범죄처벌에 관하여 설명해 보시오.
- 촉법과 우범의 차이점은 무엇입니까?
- 촉법소년과 촉법소년에 대한 보호처분에 대하여 설명해 보시오.
- 초등학생이 아파트 옥상에서 벽돌을 던져, 고양이집을 만들던 아주머니가 사망한 사건이 있었습니다. 소위 '용인캣맘 사망사건'인데요. 이 사건을 중심으로 촉법소년에 대하여 설명해 보시오.

☆ 아동·청소년 성보호에 관한 법률

기출문제

- 아동·청소년 성보호에 관한 법률에 대하여 설명해 보시오.
- 아동·청소년성범죄자 신상공개제도에 대하여 설명해 보시오.

☆ 근로기준법

Tip. 청소년들이 아르바이트를 하는 비율이 점점 높아지고 있습니다. 청소년의 아르바이트를 전문적으로 지원해줄 수 있는 기관을 체크해 보세요.

기출문제

- 소년이 아르바이트를 하겠다고 한다. 당신은 이 청소년에게 아르바이트를 할 때 어떠한 점에 주의해야 한다고 말할 것인가?
- 청소년이 아르바이트를 하고 임금을 못 받았다고 도움을 요청한다면 어떻게 지원할 것인가?
- 청소년의 근로시간에 대하여 말해 보세요.
- 청소년아르바이트의 문제점과 대책에 대하여 자신의 생각을 말하시오.
- 오토바이 배달 근로시장에 들어가는 연령은 몇 살이고, 이에 대한 생각이나 문제에 대해 이야기해 보세요(원동기 면허는 만 16세 이상).
- 청소년 아르바이트의 문제점이 무엇입니까?
- 청소년들이 자주하는 알바는 무엇이고, 그 알바의 시급이 얼마이며, 그것이 합당하다고 생각하십니까(최저임금 - 2021년: 8,720원).
- 유명 편의점이나 패스트푸드점의 알바생들을 보면 무슨 생각이 드시나요.
- 청소년과 관련된 근로기준법에 대하여 아는 대로 설명해 보시오.

☆ 인성교육법

• 인성교육진흥법이 시행되었다. 인성교육진흥법이 만들어진 사회적 환경이 청소년지도사에게 시사하는 바는 무엇인가?

(6) 청소년 관련 이론

☆ 청소년 관련 법

기출문제

• 청소년 관련 법률 중 다섯 가지를 나열하고, 그 법률들의 제정목적을 말해 보시오.
• 청소년 관련 법의 종류를 말하고, 그 중 3가지 법령의 제정목적에 대하여 설명해 보시오.
• 청소년 관련 법률에는 어떠한 것들이 있는지 말하고, 그 중 3가지 법률의 제정목적을 말하시오(Tip. 목적을 말할 때는 '청소년 기본법'＋평소 관심을 가지고 있는 법률들을 말하는 방식을 추천함).
• 청소년 관련 법의 종류는 무엇인가.
• 청소년에 관한 법률은 무엇이 있는지 설명해 보시오.
• 청소년 관련 법 입법배경에 대하여 설명해 보시오.

- 청소년 관련 법 각 법이 시행되고 적용되는 곳에 대하여 구체적으로 이야기해 보시오.

☆ 청소년 관련 분야

기출문제

- 청소년활동, 청소년복지, 청소년보호 등 다양한 분야가 있다. 가장 관심 있는 분야는 무엇이며, 그 이유는?

☆ 청소년 관련 시설

기출문제

• 청소년 관련기관은 무엇이 있고 그 기관의 역할에 대하여 간략히 설명해 보시오.

• 청소년복지시설, 청소년보호시설, 청소년활동시설 종류에 대하여 설명해 보시오.

• 청소년진로직업체험지원센터의 기능과 역할에 대하여 말해 보시오.

• 위기청소년교육센터란 무엇인가?

☆ 청소년 정책

기출문제

• 청소년개발의 정의와 청소년 개발이 정책에 미치는 영향은?

• 제 4차 청소년정책의 정책비전과 포함이 되어야 할 사항은?

• 청소년정책 중 한 가지를 이야기 하시오.

• 청소년 정책이 시행되어야 할 이유가 뭡니까?

• 청소년 정책이 왜 필요하지요?

• 청소년 정책에 대해서 아시는 대로 설명해 보시오.

- 청소년 정책을 왜 추진해야 하는지 이유를 설명해 보시오.
- 청소년 정책이 뭡니까?
- 현재 추진되고 있는 청소년 정책 중에서 3가지만 설명해 보시오.
- 당신이 여성가족부의 청소년정책 담당자라고 하자. 그렇다면 어떤 정책을 만들어 시행하고 싶은가?
- 선거연령을 18세로 낮춘다면 청소년들에게 어떠한 좋은 점이 생길까요?

☆ 청소년 인권

기출문제

- 청소년의 권리에 대하여 말해 보세요.
- 청소년인권이란?
- 학교 내 청소년 인권이란?
- 학생의 사회적 지위에 대하여 말해 보세요.
- 학생의 사회적 지위와 권리에 대하여 말해 보세요.

☆ 청소년 자아정체감

기출문제

- 자아정체감이 낮아서 생기는 문제에 대해 이야기해 보세요.
- 청소년들의 자아정체감을 획득하기 위해서는 어떻게 해야 하는지에 대해 말해 보세요.

☆ 청소년헌장

기출문제

- 90년 청소년헌장의 제정과 98년의 개정내용을 아는 대로 이야기해 보시오.
- 청소년헌장에 대하여 설명해 보시오.

- 청소년헌장 전문 내용은.
- 청소년헌장의 3가지 영역에 대하여 말해 보시오.

☆ UN아동권리협약

기출문제

- UN아동권리협약에 대하여 간단히 설명해 보시오.

☆ 여성가족부

기출문제

- 여성가족부에 청소년 관련부서는 몇 개 있나?
- 여성가족부 장관 이름은?

☆ 청소년의 달

기출문제

• 청소년의 달에 대하여 설명해 보시오.

☆ 드림스타트

기출문제

• 드림스타트 사업에 대하여 말해 보시오.

☆ 실종아동신고

기출문제

• 실종아동신고에 대하여 설명해 보시오.

☆ 청소년 접근방법

기출문제

• 일반청소년과 취약계층청소년은 접근방식이 다를 수밖에 없다. 어떻게 접근해야 할까?

부 록

청소년 헌장

① 청소년은 자기 삶의 주인이다.

② 청소년은 인격체로서 존중받을 권리와 시민으로서 미래를 열어 갈 권리를 가진다.

③ 청소년은 스스로 생각하고 선택하며 활동하는 삶의 주체로서 자율과 참여의 기회를 누린다.

④ 청소년은 생명의 가치를 존중하며 정의로운 공동체의 성원으로 책임 있는 삶을 살아간다.

⑤ 가정, 학교, 사회 그리고 국가는 위의 정신에 따라 청소년의 인간다운 삶을 보장하고 청소년 스스로 행복을 가꾸며 살아갈 수 있도록 여건과 환경을 조성한다.

[청소년의 권리]

하나, 청소년은 생존에 필요한 기본적인 영양, 주거, 의료, 교육 등을 보장받아 정신적·신체적으로 균형 있게 성장할 권리를 가진다.

하나, 청소년은 출신, 성별, 종교, 학교, 연령, 지역 등의 차이와 신체적·정신적 장애 등을 이유로 차별받지 않을 권리를 가진다.

하나, 청소년은 물리적 폭력뿐만 아니라 공포와 억압을 포함하는 정신적인 폭력으로부터 보호받을 권리를 가진다.

하나, 청소년은 사적인 삶의 영역을 침해받지 않을 권리를 가진다.

하나, 청소년은 자신의 생각과 느낌을 자유롭게 펼칠 권리를 가진다.

하나, 청소년은 자유로운 의사에 따라 건전한 모임을 만들고 올바른 신념에 따라 활동할 권리를 가진다.

하나, 청소년은 배움을 통해 진리를 추구하고 자아를 실현해 갈 권리를 가진다.

하나, 청소년은 일할 권리와 직업을 선택할 권리를 가진다.

하나, 청소년은 여가를 누릴 권리를 가진다.

하나, 청소년은 건전하고 다양한 문화·예술 활동에 자유롭게 참여할 권리를 가진다.

하나, 청소년은 다양한 매체를 통하여 자신의 삶에 필요한 정보에 접근할 권리를 가진다.

하나, 청소년은 자신의 삶과 관련된 정책 결정과정에 민주적 절차에 따라 참여할 권리를 가진다.

[청소년의 책임]

하나, 청소년은 자신의 삶을 소중히 여기며 자신이 선택한 삶에 책임을 진다.

하나, 청소년은 앞 세대가 물려준 지혜를 시대에 맞게 되살려 다음 세대에 물려줄 책임이 있다.

하나, 청소년은 가정·사회·학교·국가·인류 공동체의 성원으로서 자기와 다른 삶의 방식도 존중할 줄 알아야 한다.

하나, 청소년은 삶의 터전인 자연을 소중히 여기고 모든 생명들과 더불어 살아간다.

하나, 청소년은 통일 시대의 주역으로서 평화롭게 공존하는 방법을 익힌다.

하나, 청소년은 남녀평등의 가치를 배우고 이를 모든 생활에서 실천한다.

하나, 청소년은 가정에서 책임을 다하며 조화롭고 평등한 가족문화를 만들어 간다.

하나, 청소년은 서로에게 정신적·신체적 폭력을 행사하지 않는다.

하나, 청소년은 장애인을 비롯한 소외받기 쉬운 사람들과 더불어 살아간다.

1998년 10월 25일

청소년정책과 청소년 관련 법의 변천과정

단계	시기	특성	명칭	주무부처(기구)	청소년 관련 주요 법령
1단계	1948.8.~ 1964.9.	부처별 산발추진	부처별 관련업무 추친	각 부처	소년법(1958) 아동복리법(1961)
2단계	1964.10.~ 1977.8.	부처 차원의 조정	청소년보호 대책위원회	내무부 무임소장관실	
3단계	1977.8.~ 1988.6.	정부 차원의 조정	청소년 대책위원회	국무총리실 문교부	아동복지법(1981) 청소년육성법(1987)
4단계	1988.6.~ 2005.4.	정부 차원의 조정, 부처 차원의 총괄 집행	청소년 육성위원회	체육부/체육청소년부/문화체육부/문화관광부/문화관광부-국무총리실 (청소년보호위원회)	청소년기본법(1991) 청소년보호법(1997) 청소년의 성보호에 관한 법률(2000) 청소년활동 진흥법(2004) 청소년복지 지원법(2004) 학교폭력예방법(2004)
5단계	2005.4.~ 2008.2.	청소년조직 통합, 단일청소년 전담 조직 출범	청소년위위원회/ 국가청소년위원회	국무총리실	
6단계	2008.3.~ 2010.2.	아동정책과 청소년정책의 통합	보건복지가족부	보건복지가족부	아동·청소년의 성보호에 관한 법률(전부개정, 2009)
7단계	2010.3.~ 현재	여성가족부 개편 및 이관	여성가족부	여성가족부	아동학대처벌법(2014) 학교밖청소년법(2014)

청소년정책의 변천과정

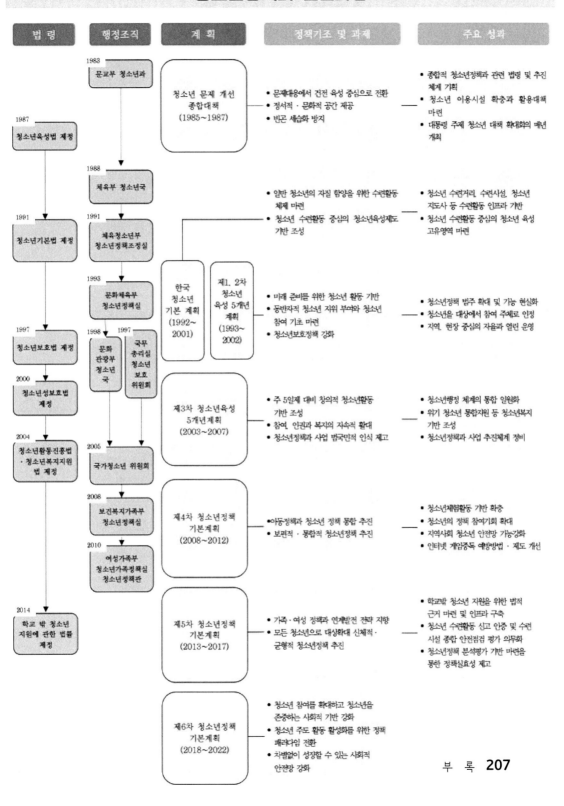

법 령	행정조직	계 획	정책기조 및 과제	주요 성과
	1983 문교부 청소년과	청소년 문제 개선 종합대책 (1985~1987)	• 문제대응에서 건전 육성 중심으로 전환 • 정서적·문화적 공간 제공 • 빈곤 세습화 방지	• 종합적 청소년정책과 관련 법령 및 추진 체계 기획 • 청소년 이용시설 확충과 활용대책 마련 • 대통령 주재 청소년 대책 확대회의 매년 개최
1987 청소년육성법 제정	1988 체육부 청소년국		• 일반 청소년의 자질 함양을 위한 수련활동 체제 마련 • 청소년 수련활동 중심의 청소년육성제도 기반 조성	• 청소년 수련거리, 수련시설, 청소년 지도사 등 수련활동 인프라 기반 • 청소년 수련활동 중심의 청소년 육성 고유영역 마련
1991 청소년기본법 제정	1991 체육청소년부 청소년정책조정실	한국 청소년 기본 계획 (1992~ 2001)	제1, 2차 청소년 육성 5개년 계획 (1993~ 2002)	• 미래 준비를 위한 청소년 활동 기반 • 동반자적 청소년 지위 부여와 청소년 참여 기초 마련 • 청소년보호정책 강화	• 청소년정책 범주 확대 및 기능 현실화 • 청소년을 대상에서 참여 주체로 인정 • 지역, 현장 중심의 자율과 열린 운영
1997 청소년보호법 제정	1993 문화체육부 청소년정책실			
2000 청소년성보호법 제정	1998 문화 관광부 청소년 국 1997 국무 총리실 청소년 보호 위원회	제3차 청소년육성 5개년계획 (2003~2007)	• 주 5일제 대비 창의적 청소년활동 기반 조성 • 참여, 인권과 복지의 지속적 확대 • 청소년정책과 사업 범국민적 인식 제고	• 청소년행정 체계의 통합 일원화 • 위기 청소년 통합지원 등 청소년복지 기반 조성 • 청소년정책과 사업 추진체계 정비
2004 청소년활동진흥법 ·청소년복지지원 법 제정	2005 국가청소년 위원회			
	2008 보건복지가족부 청소년정책실	제4차 청소년정책 기본계획 (2008~2012)	•아동정책과 청소년 정책 통합 추진 • 보편적·통합적 청소년정책 추진	• 청소년체험활동 기반 확충 • 청소년의 정책 참여기회 확대 • 지역사회 청소년 안전망 기능강화 • 인터넷 게임중독 예방방법·제도 개선
	2010 여성가족부 청소년가족정책실 청소년정책관			
2014 학교 밖 청소년 지원에 관한 법률 제정		제5차 청소년정책 기본계획 (2013~2017)	• 가족·여성 정책과 연계발전 전략 지향 • 모든 청소년으로 대상확대 신체적· 균형적 청소년정책 추진	• 학교밖 청소년 지원을 위한 법적 근거 마련 및 인프라 구축 • 청소년 수련활동 신고 인증 및 수련 시설 종합 안전점검 평가 의무화 • 청소년정책 분석평가 기반 마련을 통한 정책실효성 제고
		제6차 청소년정책 기본계획 (2018~2022)	• 청소년 참여를 확대하고 청소년을 존중하는 사회적 기반 강화 • 청소년 주도 활동 활성화를 위한 정책 패러다임 전환 • 차별없이 성장할 수 있는 사회적 안전망 강화	

제 6차 청소년기본계획 (2018~2022)

비전	현재를 즐기는 청소년, 미래를 여는 청소년, 청소년을 존중하는 사회

▲

정책목표	청소년 참여 및 권리증진	청소년 주도의 활동 활성화	청소년 자립 및 보호지원 강화	청소년정책 추진체계 혁신

청소년 주도의 지원적·협업적 청소년정책으로의 전환

▲

중점과제 (12)	청소년 참여 확대	청소년활동 및 성장지원 체계 혁신	청소년 사회안전망 확충	청소년정책 총괄· 조정 강화
	청소년 권리증진 기반 조성	청소년 체험활동 활성화	대상별 맞춤형 지원	지역중심의 청소년 정책 추진체계 강화
	청소년 민주시민 성장 지원	청소년 진로교육 지원 체제 강화	청소년 유해환경 개선 및 보호지원 강화	청소년지도자 역량 제고

청소년수련활동인증제 운영절차

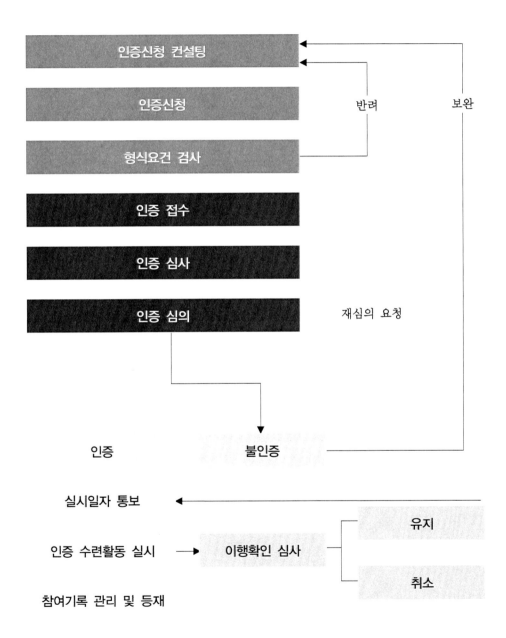

청소년수련활동인증제 운영절차

인증신청 컨설팅

인증신청

형식요건 검사

인증 접수

인증 심사

인증 심의

반려

보완

재심의 요청

인증

불인증

실시일자 통보

인증 수련활동 실시 → 이행확인 심사

유지

취소

참여기록 관리 및 등재

청소년수련활동 인증기준

영역/유형			인증기준	확인요소
공동기준	1. 활동프로그램		1. 프로그램 구성	9
			2. 프로그램 자원운영	
	2. 지도력		3. 지도자 전문성 확보계획	8
			4. 지도자 역할 및 배치	
	3. 활동환경		5. 공간과 설비의 확보 및 관리 6. 안전관리 계획	7
개별기준	활동유형	숙박형	1. 숙박관리, 2. 안전관리인력 확보, 3. 영양관리자 자격	5
		이동형	1. 숙박관리, 2. 안전관리인력확보, 3. 영양관리자 자격, 4. 휴식관리, 5. 이동관리	7
특별기준	위험도가 높은 활동		1. 전문지도자의 배치 2. 공간과 설비, 안전관리	4
	학교단체 숙박형		1. 학교단체 숙박형 활동 관리	3
	비대면방식 실시간 쌍방향		1. 실시간 쌍방향 활동 운영 및 관리	5
	비대면방식 콘텐츠 활용 중심		1. 콘텐츠 활용 중심 활동 운영 및 관리	6
	비대면방식 과제수행 중심		1. 과제수행 중심 활동 운영 및 관리	5

2020년 청소년백서 용어집

* 가족치유캠프

여성가족부가 주최하고 한국청소년상담복지개발원이 주관하는 것으로, 인터넷 과의존 청소년 가족치유캠프와 스마트폰 과의존 청소년 가족치유캠프가 있다. 이는 인터넷과 스마트폰 문제로 인하여 학업이나 일상생활에 어려움을 겪는 4~6학년 초등학생과 그 보호자를 대상으로 2박 3일간 진행되는 캠프이다. 가족치유캠프에서는 가족 간 소통·친밀감 향상과 올바른 인터넷 및 스마트폰 사용지도를 위한 상담지원(집단상담, 가족/부모교육, 심리검사), 활동지원(체험활동, 대안활동), 생활지원(멘토링, 숙식제공), 사후관리지원(사후모임) 등 다양한 프로그램을 운영한다.

* 경제활동인구(經濟活動人口, Economically Active Population)

일정 연령 이상의 인구 가운데 노동 능력이나 노동 의사가 있어 재화나 서비스의 생산과 같은 경제활동에 기여할 수 있는 인구를 말한다. 일반적으로 취업이 가능한 만 15세 이상의 인구 중 학생, 주부, 환자 등 노동 능력이나 노동 의사가 없는 사람을 제외한 인구이며, 취업자와 실업자를 포함한다.

* 교육복지우선지원사업(教育福祉于先支援事業)

교육복지우선지원사업은 사업대상학생(「국민기초생활보장법」 제12조에 따른 교육급여수급권자, 법정 차상위계층의 자녀, 법정 한부모가족의 자녀, 북한이탈주민 자녀, 다문화가족의 자녀, 특수교육대상자, 그 밖에 교육감이 정하는 사람의 자녀) 중에서 사업학교의 장이 상담 등의 절차를 거쳐 선정된 학생에게 필요에 맞는 학습, 문화체험, 심리치료, 복지 프로그램 등을 제공하는 사업이다. 학교에서 운영되고 있는 교육복지 프로그램은 특기적성 프로그램, 개별 학생을 위한 맞춤형 프로그램, 현물 서비스가 대표적이다.

* 교육환경보호구역

학생의 보건·위생, 안전, 학습 등에 지장이 없도록 하고자 학교 및 학교 주변에 교육환경위생에 지장이 있는 행위 및 시설을 제한한 지역을 말하며 쾌적하고, 명랑한 교육환경을 조성하는 것을 목적으로 '교육부'에서 지정하고 있다. 교육환경 보호구역은 '절대보호구역'과 '상대보호구역'으로 구분되는데, 절대보호구역은 학교출입문으로부터 직선거리로 50미터까지인 지역(학교설립예정지의 경우 학교경계로부터 직선거리 50미터까지인 지역)을 의미하고, 상대보호구역은 학교경계 등으로부터 직선거리로 200미터까지인 지역 중 절대보호구역을 제외한 지역을 의미한다.

* 국민기초생활보장수급자(國民基礎生活保障受給者)

국민기초생활보장제도는 국가의 보호를 필요로 하는 최저생계비 이하의 가구에 대하여 최저생계비와 가구소득의 차액을 보충적으로 지급하는 제도이다. 근로능력이 있는 수급자에 대해서는 자활사업에 참가할 것을 조건으로 생계 급여를 지급할 수 있으며, 조건 불이행시 생계 급여의 일부 또는 전부가 중지될 수 있다. 국민기초생활보장수급자는 부양의무자가 없거나, 부양의무자가 있어도 부양 능력이 없거나 또는 부양을 받을 수 없는 가구의 소득인정액이 최저생계비 이하인 경우 수급자로 선정될 수 있다.

* 국제금장총회(International Gold Event: IGE)

영국의 에든버러 공작과 교육학자들이 고안한 국제청소년 성취포상제 활동을 통해 금장을 포상받은 청소년 중 20~35세의 청(소)년을 대상으로 하는 글로벌 리더십 연수 프로그램으로 매 3년마다 개최되며 한국이 주최한 2014년에는 40개국에서 100명의 금장포상 청소년인 차세대 리더들이 참석해 자신의 포상활동 경험을 지역사회에 환원할 수 있는 실천방안에 대해 논의했다.

* 국제청소년성취포상제(The Duke of Edinburgh's International Award)

만 14~24세 사이의 청소년들이 신체단련, 자기개발, 봉사활동 및 탐험활동을 통해 체계적으로 역량을 개발할 수 있도록 지원하는 국제적 청소년 자기성장 프로그램으로 1956년 영국에서 시작되어 현재까지 143개 국가에서 운영되고 있다.

* 국제학업성취도평가(Programme for International Student Assessment: PISA)

국제학업성취도평가는 만 15세 학생들의 읽기, 수학, 과학 소양 수준 파악 및 소양 수준에 영향을 주는 배경 변인과의 연계 분석을 통해 각국 교육정책 수립의 기초 자료를 제공하는 것을 목적으로 한다. 이는 지식을 상황과 목적에 맞게 활용할 수 있는 기본적인 '소양'을 강조하는 평가로 평가 주기는 3년이다. 대부분의 나라에서 의무교육이 종료되는 시점인 만 15세 학생을 대상으로 평가가 이루어진다.

* 기소유예제도(起訴猶豫制度)

기소편의주의(起訴便宜主義)에 따라 검사가 공소(公訴)를 제기하지 않는 처분으로 소송 조건을 구비하여 범죄의 객관적 혐의가 있는 경우라도 범인의 연령·성행·지능·환경·피해자와의 관계범행 동기수단 결과범죄 후의 정황 등 사항을 참작하여, 공소를 제기할 필요가 없다고 판단될 때에는 검사가 공소를 제기하지 않는 제도이다.

* 꿈드림(학교밖청소년지원센터)

'꿈드림'은 학교라는 울타리를 벗어나 세상으로 나온 청소년들이 자신감을 회복하고 당당하게 미래를 설계하고 꿈을 키울 수 있도록 돕는 '청소년 공간'으로, 학교 밖에서 학업을 희망하거나, 적성에 맞는 직업을 찾기를 원하는 등, 끼와 재능을 마음껏 펼치고 싶은 청소년들에게 유익한 프로그램을 지원한다.

※ '꿈'과 '드림(Dream)'의 합성어로 청소년에게 꿈과 희망을 드린다는 의미

* 내일이룸학교

내일이룸학교는 「학교 밖 청소년 지원에 관한 법률」 제10조를 근거로 청소년의 성공적인 사회진출과 경제적 자립을 지원하고자 여성가족부에서 추진하고 있다. 내일 이룸학교는 '청소년의 내일(미래 또는 나의일)을 이룬다'는 의미로 학교밖청소년, 비진학청소년, 청소년한부모, 가출청소년 등 만 15세 이상 24세 이하의 청소년을 대상으로 하는 맞춤형 직업훈련프로그램이다.

* 다문화 중점학교

다문화가정 학생과 일반 학생이 서로 다름을 존중하고 서로 어울려 살 수 있도록 학교 교육과정을 통해 다문화 감수성 제고, 다문화 이해, 반(反)편견 교육 등을 실시하는 학교로 교육부에서 운영하고 있다.

* 드림스타트(Dream Start)

드림스타트의 시초는 학대, 방임 아동이 증가하는 가운데 아동복지 사각지대 해소를 위해 2006년 20개 보건소에서 시범사업으로 실시한 아동보호 보건복지 통합서비스이다. 2007년 희망스타트라는 이름으로 16개 시·군·구에서 시범사업을 실시하였으며, 2008년 사업명을 '희망스타트'에서 '드림스타트'로 변경해 현재에 이르고 있다. 취약계층 아동에게 맞춤형 통합 서비스를 제공하여 아동의 건강한 성장과 발달을 도모하고 공평한 출발기회를 보장함으로써 건강하고 행복한 사회구성원으로 성장할 수 있도록 지원한다.

* 레드존(Red Zone)

윤락가나 유흥가, 숙박업소 밀집지역 등 청소년의 범죄비행 탈선 위험이 있는 유해환경에 청소년이 접근하거나 출입하는 것을 막기 위해 지정한 구역을 일컫는 말이다. 레드존은 「청소년 보호법」 제31조에 '청소년 통행금지·제한구역'이라는 명칭으로 명시되어 있다.

* 마스트리히트 조약(Maastricht Treaty)

1992년 2월 7일 네덜란드 마스트리히트에서 유럽 공동체 가입국이 서명하고 1993년 11월 1일부터 발표한 조약으로 유럽 연합의 기초가 되는 조약이다. 유럽중앙은행 창설과 단일통화사용의 경제 통화 동맹, 노동조건 통일의 사회부문, 공동방위정책, 유럽시민규정 등을 내용으로 하고 있다.

* 명목임금(名目賃金, Nominal Wage)

현행 구매가치를 고려하지 않은 임금으로, 명목임금은 생활용품 구입량이 물가변동에 따라 변화하게 된다. 즉, 가격이 오르면 생활용품의 구입이 줄고 가격이 내리면 구입량이 증가하므로 이것으로는 생활 실태 변화의 파악이 어렵다.

* 명예경찰소년단

명예경찰소년단은 경찰, 학교, 선도단체의 유기적인 협조 하에 스스로가 각종범죄 및 제반사고로부터 자신을 보호할 수 있는 능력을 배양하고 봉사활동과 교통질서 등 기초질서 의식을 함양하기 위해 초등학교 4학년~6학년과 중학생 중에서 선발하는 제도이다. 명예경찰소년단은 경찰서에서 호신술을 배우는 명예경찰 무도학교, 경찰관서 치안시스템 견학, 지역경찰관과 합동순찰 등 현장체험활동을 실시하고 있으며 교내에서도 학교폭력예방활동, 교통질서·기초질서 캠페인, 봉사활동 등을 수행한다.

* 방과후 학교

학생과 학부모의 요구와 선택을 반영하여, 수익자 부담 또는 재정지원으로 이루어지는 정규수업 이외의 교육 및 돌봄활동으로, 학교계획에 따라 일정한 기간 동안 지속적으로 운영하는 학교교육활동을 말한다.

* 보호대상아동

「아동복지법」 제3조 제4호 상 '보호대상아동'을 의미한다. 보호대상아동이란, 보호자가 없거나 보호자로부터 이탈된 아동 또는 보호자가 아동을 학대하는 경우 등 그 보호자가 아동을 양육하기에 부적당하거나 양육할 능력이 없는 경우의 아동을 말한다.

* 브렉시트(Brexit)

영국의 유럽연합(EU) 탈퇴를 뜻하는 말로, 영국(Britain)과 탈퇴(Exit)의 합성어이다. 브렉시트는 2020년 1월 31일 단행됐고, 2020년 12월 24일 브렉시트 전환 기간 종료를 일주일여 앞두고 양측 간 자유무역협정(FTA) 체결을 비롯한 미래관계 협상 타결을 완료했다.

* 사랑의교실

폭력, 절도 등 범죄나 비행으로 인해 경찰조사 단계에 있는 청소년들을 선도하여 재비행 방지를 위한 맞춤형 선도 프로그램이다. 보호자와 청소년이 사랑의 교실 입교에 동의한 경우에 해당경찰관서에서 청소년(상담)지원센터, 청소년수련관 등 전문선도기관에 의뢰하여 다양한 인성교육 및 재범방지 교육을 실시한다.

* 산학협동(産學協同)

학계와 산업계가 교육의 성과를 높임과 동시에 산업경영의 실효성을 높이기 위하여 상호 협력하는 것으로, 자매결연·협정 등의 방법을 통해 서로 연계함으로써 학생들을 산업체에 파견하여 현장실습 경험을 얻게 하거나 학계와 산업계 인사가 상호 교류하여 정보를 교환하고 공동 연구사업을 추진하는 것이다. 또한 산업계 자원인사들의 교육참여 등 각종 인적·물적 교류 관계가 모두 이에 포함된다.

* 새천년개발목표(Millennium Development Goals: MDGs)

2000년 9월, 뉴욕 국제연합 본부에서 개최된 밀레니엄 서미트에서 채택된 빈곤 타파에 관한 범세계적인 의제이다. 당시에 참가했던 191개의 국제연합 참여국은 2015년까지 빈곤의 감소, 보건, 교육의 개선, 환경보호에 관해 지정된 8

가지 목표를 실천하는 것에 동의 하였다. 주요 내용으로 ① 극심한 빈곤과 기아 퇴치, ② 초등교육의 완전보급, ③ 성평등 촉진과 여권 신장, ④ 유아 사망률 감소, ⑤ 임산부의 건강개선, ⑥ 에이즈와 말라리아 등의 질병과의 전쟁, ⑦ 환경 지속 가능성 보장, ⑧ 발전을 위한 전 세계적인 동반관계의 구축을 들 수 있다.

* 성범죄 신고의무제도

「아동청소년의 성보호에 관한 법률」제34조에서는 누구든지 아동·청소년 대상 성범죄의 발생 사실을 알게 된 때에는 수사기관에 신고할 수 있도록 명시하고 있다. 또한, 동법 제34조 제2항에 따라 다른 신고의무 대상시설의 운영자, 종사자는 직무상 아동·청소년 대상 성범죄의 발생 사실을 알게 된 때에는 즉시 수사기관에 신고하여야 한다.

* 소년 · 소녀가정

부모의 사망, 이혼, 질병, 심신장애, 가출 등으로 인해 「국민기초생활 보장법」에 의한 수급자(가구) 중 만 18세 미만(출생일 기준)의 아동이 실질적으로 가정을 이끌어가고 있는가정을 말한다.

* 소년법

「소년법」은 반사회성이 있는 소년의 환경 조정과 품행 교정을 위한 보호처분 등의 필요한 조치를 하고, 형사처분에 관한 특별조치를 함으로써 소년이 건전하게 성장하도록 돕는 것을 목적으로 제정되었으며 여기에서 소년이란 19세 미만인 자를 의미한다.

* 아동 이익 최우선의 원칙(Devotion to Best Interests of the Child)

무차별 원칙, 생존과 발달의 권리 원칙, 어린이 의견 존중 원칙과 함께 「유엔 아동권리협약」의 기본이 되는 원칙이다. 동법 제3조에서는 공공 또는 민간 사회복지기관, 법원·행정·입법기관 등에 의하여 실시되는 모든 아동 관련 활동에서 아동의 이익이 최우선으로 고려되어야 한다고 규정하고 있다. 우리나라 「아동복지법」 제2조에서도 아동에 관한 모든 활동에 있어서 아동의 이익이 최우선적으로 고려되어야 한다고 규정하고 있다.

* 아동보호전문기관(Child Protection Agency)

「아동복지법」 제45조에 의거하여 학대아동의 발견, 보호, 치료에 대한 신속한 처리 및 아동학대 예방을 전담하는 기관으로, 지방자치단체는 아동보호전문기관을 시·도 및 시·군·구에 1개소 이상 설치해야 한다.

* 아동·청소년의 성보호에 관한 법률

아동·청소년대상 성범죄의 처벌과 절차에 관한 특례를 규정하고 피해아동·청소년을 위한 구제 및 지원 절차를 마련하며 아동·청소년대상 성범죄자를 체계적으로 관리함으로써 아동·청소년을 성범죄로부터 보호하고 아동·청소년이 건강한 사회구성원으로 성장할 수 있도록 함을 목적으로 제정된 법률이다(법률 제6261호, 2000. 2. 3., 제정).

* 아동학대(兒童虐待, Child Abuse)

「아동복지법」 제3조에 따르면 보호자를 포함한 성인이 아동의 건강 또는 복지를 해치거나 정상적 발달을 저해할 수 있는 신체적·정신적·성적 폭력이나 가혹행위를 하는 것과 아동의 보호자가 아동을 유기하거나 방임하는 것을 말한다.

* 아웃리치(Outreach)

일반적으로는 보다 넓은 지역사회에 대한 봉사활동이라는 의미로 사용되기도 하는 아웃리치는 도움이 필요한 소외계층을 기다리기 보다는 직접 현장에 나가 그들에게 도움과 정보를 제공하는 서비스를 말한다. 여러 이유로 인해 복지 기관이나 상담소를 찾지 않는 사람들에게 직접 찾아가서 실시하는 구제지원 활동을 말한다. 한 예로, 노숙인 지원 단체나 청소년 단체 등에서도 직접 거리로 나가 노숙인이나 청소년을 만나 상담활동을 전개한다.

* 우범소년(虞犯少年)

죄를 범하지는 아니하였으나 그 성격이나 환경으로 보아 장차 죄를 범할 우려가 있는 10세 이상 19세 미만의 소년을 일컫는다. 우범소년에 대하여는 범죄를 미연에 방지하고 본인을 보호교도 개선시키기 위하여 형사정책적으로 보안처분(보호처분)을 과하는 것이 세계 각국의 예로 되어 있다. 한국의 소년법은 반사회성(反社會性)이 있는 소년에 대하여 그 환경의 조정과 품행의 교정(矯正)을 위하여 보호처분을 하도록 하고 있다.

* 유엔 아동권리협약(Convention of the Rights of the Child)

아동을 단순한 보호대상이 아닌 존엄성과 권리를 지닌 주체로 보고 이들의 생존, 발달, 보호에 관한 기본 권리를 명시한 협약이다. 이 협약은 1989년 11월 20일 유엔 총회에서 만장일치로 채택돼 한국(1991년 가입)과 북한을 포함하여 세계 193개국이 비준했다. 협약은 18세 미만 아동의 생명권, 의사 표시권, 고문 및 형벌 금지, 불법 해외이송 및 성적학대금지 등 각종 아동기본권의 보장을 규정하고 있으며 협약가입국은 이를 위해 최대한의 입법·사법·행정적 조치를 취하도록 의무화하고 있다.

* 유엔 지속가능발전목표(SDGs)

UN SDGs(유엔 지속가능개발목표)는 17가지로 구성되며 2000년부터 2015년까지 시행된 새천년개발목표 (MDGs)를 종료하고 2016년부터 2030년까지 새로 시행되는 유엔과 국제사회의 최대 공동목표를 의미한다. 인류의 보편적 사회문제(빈곤, 질병, 교육, 여성, 아동, 난민, 분쟁 등), 지구 환경 및 기후변화문제(기후변화, 에너지, 환경오염, 물, 생물다양성 등), 경제문제(기술, 주거, 노사, 고용, 생산 소비, 사회구조, 법, 인프라구축, 대내외경제)를 2030년까지 17가지 주요 목표와 169개 세부목표로 해결하고자 이행하는 국제사회의 최대 공동목표이다.

* 이주배경청소년

「청소년복지 지원법」제18조에 따라 다문화가족의 청소년과 그 밖에 국내로 이주하여 사회·문화 적응 및 언어 학습 등에 지원이 필요한 청소년을 말한다.

* 인터넷 치유캠프

여성가족부가 주관하고 한국청소년상담복지개발원이 주관하는 11박 12일의 인터넷중독 기숙형 치료캠프로, 인터넷·스마트폰 과의존 고위험군 청소년들을 대상으로 운영되고 있다. 인터넷·스마트폰과 단절된 환경에서 상담지원, 활동지원, 생활지원 등의 프로그램을 운영하고, 캠프 종료 후에도 청소년동반자, 멘토 연계를 통한 사후관리, 사후모임을 실시하여 참여 청소년 치유효과가 지속되도록 돕는다.

* 조사망률(粗死亡率, crude death rate)

1년간의 사망수를 그 해의 인구로 나눈 것으로 보통 1,000배하여 인구 1,000분비로 표시한다. 연령, 계층, 성별, 사인 등을 고려하지 않고 정정하지 않은 채로 나타낸 사망률을 말한다.

  ※ 조사망률(%)=(특정 1년간의 총 사망건수/당해 연도의 연앙인구)×1,000

* 조이혼율(粗離婚率, crude divorce rate)

1년간 발생한 총 이혼건수를 당해 연도의 주민등록에 의한 연앙인구로 나눈 수치를 1,000분비로 나타낸 것이다.

  ※ 조이혼율(%)=(특정 1년간의 총 이혼건수/당해 연도의 연앙인구×1,000

* 조출생률(粗出生率, crude birth rate)

특정인구집단의 출산수준을 나타내는 기본적인 지표로서 1년간의 총 출생아수를 당해 연도의 총인구로 나눈 수치를 1,000분비로 나타낸 것이다.

  ※ 조출생률(%)=(특정 1년간의 총 출생아수/당해 연도의 연앙인구)×1,000

* 조혼인율(粗婚姻率, crude marriage rate)

1년간 발생한 총 혼인건수를 당해 연도의 주민등록에 의한 연앙인구로 나눈 수치를 1,000분비로 나타낸 것이다.

※ 조혼인율(%)＝(특정 1년간의 총 혼인 수/당해 연도의 연앙인구)×1,000

* 주의력결핍 과잉행동장애(Attention Deficit/Hyperactivity Disorder: ADHD)

아동기에 많이 나타나는 장애로, 지속적으로 주의력이 부족하여 산만하고 과다활동, 충동성을 보이는 상태를 말한다. 이러한 증상들을 치료하지 않고 방치할 경우 아동기 내내 여러 방면에서 어려움이 지속되고, 일부의 경우 청소년기와 성인기가 되어서도 증상이 남게 된다.

* 중도입국 청소년

결혼이민자가 한국인 배우자와 재혼하여 본국의 자녀를 데려온 경우와 국제결혼가정의 자녀 중 외국인 부모의 본국에서 성장하다가 재입국한 청소년의 경우를 말한다.

* 지방청소년육성위원회

「청소년 기본법」 제11조에 따라 청소년육성에 관한 지방자치단체의 주요 시책을 심의하기 위하여 특별시장·광역시장·특별자치시장·도지사·특별자치도지사 및 시장·군수·구청장의 소속으로 지방청소년육성위원회를 두도록 한다. 지방청소년육성위원회의 구성·조직 및 운영 등에 필요한 사항은 조례로 정하며, 청소년 육성·보호에 관한 연도별 시행계획 자문, 시책의 조정 및 평가에 대한 자문, 청소년단체 육성 및 지원에 관한 자문역할 등을 수행한다. 위원회의 성격은 각 시·도별로 상이할 수 있으며, 심의기구, 자문기구 등의 성격을 갖는다.

* 지방청소년활동진흥센터

「청소년활동 진흥법」 제7조에 따라 청소년활동의 진흥을 위한 청소년 정책 전달 체계상의 정책기관으로 해당 지역의 청소년활동을 진흥하는 중추적인 역할을 수행하는 기관이다. 주요 사업은 지역청소년활동 요구 조사, 청소년 활동 프로그램의 개발과 보급, 청소년활동에 대한 교육과 홍보, 청소년활동 정보 제공, 지역 교육기관과의 연계 및 지원, 지역 청소년자원봉사활동의 활성화, 청소년 수련활동 인증제도·신고제 지원 등이다.

＊지역사회청소년통합지원체계(Community Youth Safety Net: CYS-Net, 청소년안전망)

「청소년복지 지원법」제9조 및 동법 시행령 제4조에 근거한 위기청소년 보호지원을 위한 프로그램으로서 지역사회 내 청소년 관련 자원을 연계하여 위기상황(학업중단, 가출, 인터넷 중독 등)에 빠진 청소년에게 상담·보호·교육·자립 등 맞춤형 서비스를 제공하는 사업이다.

＊지역아동센터

지역아동센터는「아동복지법」제52조 제1항 제8호에 따른 아동복지이용시설로서, 18세 미만의 방과후 돌봄이 필요한 지역사회 아동에게 보호·교육, 건전한 놀이와 오락의 제공, 보호자와 지역사회의 연계 등 종합적인 복지 서비스를제공함으로써 아동의 건전한 성장을 지원하고 있다.

＊지방자치단체 청소년육성위원회

「청소년 기본법」제11조에 따라 특별시장, 광역시장, 특별자치시장, 도지사, 특별자치도지사 및 시장, 군수, 구청장(자치구의 구청장에 한함)의 소속하에 청소년육성에 관한 지방자치단체의 주요 시책을 심의 및 자문하는 기구로, 지방청소년육성위원회의 구성, 조직, 그 밖의 운영에 관하여 필요한 사항은 조례로 정하도록 되어 있다.

＊청소년 기본법(靑少年基本法)

청소년의 권리 및 책임과 가정·사회·국가·지방자치단체의 청소년에 대한 책임을 정하고 청소년정책에 관한 기본적인 사항을 규정함을 목적으로 제정된 법률이다(법률 제4477호, 1991. 12. 31., 제정).

* 청소년 방과후 아카데미

「청소년 기본법」제48조의2에 의해 여성가족부와 지방자치 단체에서 청소년수련시설 등을 기반으로 청소년의 건강한 방과후 생활과 삶의 질 향상을 위해 가정이나 학교에서 체험하지 못했던 다양한 청소년활동 프로그램 및 생활관리 등 청소년을 위한 종합 돌봄 서비스를 지원하는 국가정책사업이다.

* 청소년 유해매체물

「청소년 보호법」제2조에 의거해 청소년보호위원회가 청소년에게 유해한 것으로 결정하거나 확인하여 여성가족부 장관이 고시한 매체물로 「청소년 보호법」규정에 따른다. 동법 제7조에 의해 청소년 유해매체물을 심의·결정하는 곳은 여성가족부 산하 '청소년보호위원회'이다.

* 청소년 유해약물

「주세법」에 의한 주류, 「담배사업법」에 의한 담배, 「마약류 관리에 관한 법률」에 의한 마약류, 「유해화학물질 관리법」에 의한 환각물질 및 그 밖에 중추신경에 작용하여 습관성, 중독성, 내성 등을 유발해 인체에 유해하게 작용할 수 있는 약물로서 여성가족부장관이 결정하여 고시한 약물을 말한다.

* 청소년 유해환경

「청소년 보호법」제2조 제8호에 근거하여 청소년 유해매체물, 청소년 유해약물 등, 청소년 유해업소 및 청소년 폭력·학대를 말한다.

* 청소년(青少年, Youth)

「청소년 기본법」제3조에 의거해 9세 이상 24세 이하인 사람을 말한다. 다른 법률에서 청소년에 대한 적용을 다르게 할 필요가 있는 경우에는 따로 정할 수 있는데, 「청소년 보호법」제2조에 따르면 만 19세 미만인 사람을 말한다.

＊청소년동반자

　　여성가족부의 '청소년동반자' 사업의 핵심인력으로 가출, 비행·폭력, 학업중단, 성매매 피해 등 심화된 위기 상황에 직면한 청년들에게 찾아가서 맞춤형 상담서비스를 제공하는 전문가를 말한다. 전일제 동반자의 경우 주 40시간 근무를 실시하되, 청소년의 시간에 맞추어 저녁, 휴일 등에 탄력적으로 근무한다. 반면 시간제 동반자는 주 12시간 근무하며 이들은 청소년 상담지원센터를 근거로 움직이나 실제적인 사무실은 '청소년이 있는 현장'이다.

＊청소년매체환경보호센터

　　「청소년 보호법」제35조에 따라 청소년을 보호하고 청소년의 건강한 성장을 지원하기 위한 매체물(인터넷, 음반, 게임물, 영상물 등) 모니터링 사업이다. 민간위탁으로 운영되며, 주요 업무로 청소년유해정보의 유통을 차단하고, 청소년유해매체물제도의 실효성을 확보하는데 주력하고 있다.

＊청소년문화의집

　　「청소년활동 진흥법」제10조 및 제11조에 따르면, 청소년 문화의 집은 간단한 청소년수련활동을 실시할 수 있는시설 및 설비를 갖춘 정보, 문화, 예술 중심의 수련시설로 시·도지사 및 시장, 군수, 구청장은 읍·면·동에 청소년문화의 집을 1개소 이상 설치하고 운영할 의무가 있다.

＊청소년 보호법(靑少年 保護法)

　　청소년에게 유해한 매체물과 약물 등이 청소년에게 유통되는 것과 청소년이 유해한 업소에 출입하는 것 등을 규제하고, 폭력학대 등 청소년 유해행위를 포함한 각종 유해한 환경으로부터 청소년을 보호구제함으로써 청소년이 건전한 인격체로 성장할 수 있도록 함을 목적으로 제정된 법률이다(법률 제5297호, 1997. 3. 7., 제정).

* 청소년보호위원회

「청소년 보호법」제36조에 따라 청소년 유해매체물, 청소년 유해약물 등, 청소년 유해업소 등의 심의·결정 등에 관한 사항을 결정하기 위해 여성가족부 장관 소속으로 구성 되어있다.

* 청소년복지 지원법(靑少年福祉 支援法)

「청소년 기본법」제49조 4항의 규정에 따라 청소년복지 증진에 관한 사항을 규정함을 목적으로 제정된 법률이다(법률 제7164호, 2004. 2. 9., 제정). 청소년복지란 청소년이 정상적인 삶을 영위할 수 있는 기본적인 여건을 조성하고 조화롭게 성장발달 할 수 있도록 제공되는 사회적경제적 지원을 말한다(「청소년 기본법」제3조 4호). 청소년은 이 법의 규정을 적용함에 있어 인종·종교·성·연령· 학력·신체조건 등의 조건에 의해 차별을 받아서는 안 된다. 청소년은 사회의 정당한 구성원으로서 본인과 관련된 의사결정에 참여할 권리를 가진다.

* 청소년상담복지센터

「청소년복지 지원법」제29조, 제42조의2에 근거하여 청소년상담, 긴급구조, 자립, 의료지원 등 통합지원 서비시를 제공하여 청소년의 건강한 성장 및 복지 증진을 도모하는 것을 목적으로 2020년 기준, 전국 17개 시·도 및 212개 시·군·구에 설치되어 운영되고 있다.

* 청소년성문화센터

「아동·청소년의 성보호에 관한 법률」제47조에 따라 아동·청소년의 건전한 성가치관 조성과 성범죄 예방을 위하여 아동·청소년을 대상으로 성교육을 실시하는 전문기관이다. 청소년성문화센터는 다양한 매체를 활용한 체험형 현장 중심의 성교육장으로 청소년 스스로 자기 주도적·실천적 체험학습을 통해 올바른 성지식을 습득하게 하도록 하여 건강한 성 가치관을 지닌 개인으로 성장하도록 지원한다.

* 청소년수련관

「청소년활동 진흥법」 제10조 및 제11조에 따르면, 청소년 수련관은 다양한 청소년수련거리를 실시할 수 있는 각종 시설 및 설비를 갖춘 종합수련시설로 시·도지사 및 시장, 군수, 구청장은 청소년 수련관을 1개소 이상 설치 및 운영할 의무가 있다.

* 청소년수련활동 신고제

「청소년활동 진흥법」 제9조의2에 따라 19세 미만의 청소년을 대상으로 하는 청소년수련활동계획을 사전에 신고하도록 하고, 관련 정보를 참가자가 편리하게 확인할 수 있도록 인터넷에 공개하는 제도이다. 신고를 준비하는 과정에서 활동운영 전반의 안전을 점검하게 되고, 범죄 경력자 등 결격 사유가 있는 지도자의 활동운영을 막을 수 있으며, 보험가입을 의무화하여 보다 안전한 환경에서 수련활동을 운영할 수 있도록 하였다.

* 청소년수련활동 인증제

「청소년활동 진흥법」 제35조에 따라 국가 및 지방자치단체 또는 개인·법인·단체 등이 실시하고자 하는 청소년 수련활동을 인증하고, 인증수련활동에 참여한 청소년의 활동기록을 유지관리제공하는 국가인증제도이다. 국가가 청소년수련활동의 공공성과 신뢰성을 인증함으로써 청소년활동 정책의 실효성을 제고하고 청소년의 교육·사회적 환경변화에 따른 양질의 청소년활동 정책과 참여 기회를 제공한다. 또한 다양한 청소년활동 정보제공 및 청소년활동참여 활성화 기능을 하며 자기 계발 및 진로모색 등에 활용 가능한 활동기록을 관리하고 제공한다.

* 청소년 쉼터

「청소년복지 지원법」 제31조 제1호에 따라 가출청소년에 대하여 가정·학교·사회로 복귀하여 생활할 수 있도록 일정 기간 보호하면서 상담·주거·학업·자립 등을 지원하는 시설을 말한다. 가출청소년의 일시보호 및 숙식제공, 상담·

선도·수련활동, 학업 및 직업훈련 지원활동, 청소년의 가출 예방을 위한 거리 상담지원 활동 등을 주요 업무로 삼고 있다. 「청소년복지 지원법」, 「청소년 기본법」, 「사회복지사업법」 등을 법적 근거로 한다.

* 청소년어울림마당

문화예술, 스포츠 등을 소재로 한 공연, 경연, 전시, 놀이체험 등 문화체험이 펼쳐지는 장으로 청소년의 접근이 용이하고 다양한 지역사회 자원이 결합된 일정한 공간(상설공간)을 의미한다. 청소년어울림마당 지원사업은 청소년의 건전한 여가 활용 육성을 위해 놀이 마당식 체험 공간에 지역적 특성을 살린 각종 문화 프로그램을 제공하고자 「청소년활동 진흥법」 제60조, 제61조에 근거하여 각 지자체에서 추진되고 있다.

* 청소년운영위원회

「청소년활동 진흥법」 제4조에 따라 청소년수련시설의 운영 및 프로그램 등을 청소년들이 직접 자문평가토록 함으로써 청소년의 수요와 의견을 반영하는 청소년이 주인이 되는 시설이 되도록 설치한 위원회를 말한다.

* 청소년유해환경감시단

「청소년 보호법」 제5조 및 제48조에 의거하여 지역사회 내에서 청소년 보호에 관심을 가지고 활동 중인 민간단체를 청소년유해환경감시단으로 지정하여 청소년선도·보호와 각종 청소년 유해환경 정화를 위한 감시·고발 활동을 수행할 수 있도록 하고 있다. 청소년보호법 위반사항에 대해 감시 및 고발과 청소년 유해매체물 모니터링 및 유해환경 정화활동을 통해 건전한 청소년 성장환경을 조성하고자 한다.

* 청소년육성기금

청소년육성기금은 「청소년 기본법」 제53조에 의거 하여 청소년 육성 등을 위한 사업의 지원에 필요한 재원을 확보하기 위하여 설치 및 운영되고 있다. 청소년육성 기금은 청소년 참여지원, 청소년방과후활동 지원, 청소년 사회안전망 구축, 청소년쉼터 운영지원, 국립중앙청소년 치료재활센터 운영 등에 사용되고 있으며 청소년육성 기금의 주요 조성 재원은 기금 조성 초기에는 정부출연금, 국민체육진흥기금 전입액 등이었으나 2020년 현재 경륜 경정사업 법정 분담금과 복권기금전입금으로 조성되고 있다.

* 청소년의 달

청소년의 능동적이고 자주적인 주인의식을 고취하고 청소년 육성을 위한 국민의 참여 분위기를 조성할 목적으로 제정한 달로, 해마다 5월이다(「청소년 기본법」 제16조). 행사 주관 부처는 여성가족부이며, 국가지방자치단체, 공공단체, 청소년단체 및 직장별로 각각 실정에 따라 기념행사를 연다. 행사내용은 ① 청소년의 문화·예술·수련·체육에 관한 행사, ② 청소년의 인권증진 및 육성 등에 관한 연구 발표 행사, ③ 모범 청소년, 청소년 지도자 및 우수 청소년단체 등에 대한 포상, ④ 대중 매체 등을 이용한 홍보 행사, ⑤ 그 밖에 청소년 육성에 관하여 범국민적인 관심을 높이기 위하여 필요한 행사 등이다.

* 청소년자기도전포상제

우리나라 「청소년 기본법」에서 규정하고 있는 청소년 중 저연령인 만 9~13세(초등학교 3학년~중학교 2학년)의 청소년이 참여할 수 있도록 국제청소년성취포상제를 모태로 하는 프로그램으로, 자기개발, 신체단련, 봉사 및 탐험활동 4가지 활동영역에서 일정기간 동안 자기 스스로 정한 목표를 성취해가며, 숨겨진 끼를 발견하고 꿈을 찾아가는 자기성장 프로그램이다.

* 청소년상담 1388

청소년의 일상적인 고민 상담부터 가출, 학업중단, 인터넷 중독 등 위기에 이르기까지 상담을 제공하는 서비스로, 전국의 청소년상담복지센터와 연계하여 운영되고 있다. 청소년상담사, 청소년지도사, 사회복지사 등 국가자격을 소지하거나 일정기간 청소년상담복지 관련 실무경력을 갖춘 전문상담선생님과 상담이 진행되며, 365일 24시간 운영되고 있다.

* 청소년정책위원회

「청소년 기본법」 제10조에 근거하여 청소년 육성에 관한 기본계획 수립, 청소년정책의 분야별 주요 시책 및 제도 개선, 청소년정책분석·평가, 유관부처 간 청소년정책의 조정에 관한 사항 등에 대해 심의·조정하는 기구이다. 여성가족부 장관을 위원장으로 청소년 관련 중앙행정기관의 차관과 청장, 여성가족부 차관이 위촉하는 민간 청소년 전문가 등 총 20명으로 위원회가 구성된다. 2018년 12월에는 청소년정책위원회 위원 정수를 20명에서 30명 이내로 변경하고, 청소년정책을 수립함에 있어서 청소년 참여권 보장을 위해 청소년정책위원회 위원 구성 시 청소년을 일정 비율 이상 반드시 포함토록 하는 방향으로 「청소년 기본법」을 개정하여 운영하고 있다.

* 청소년증

「청소년복지 지원법」 제4조에 따라 만 9~18세 청소년의 공적 신분증으로 대학수학능력시험·검정고시·운전면허시험·어학시험 등 각종 시험과 금융기관에서 본인 확인, 대중교통, 박물관·공원·미술관·유원지 등에서 청소년 우대 요금 적용이 된다. 2017년 1월 11일부터 교통카드 기능이 추가되어 대중교통 및 편의점, 베이커리 등 가맹점에서 선불결제도 가능하고, 청소년 또는 대리인이 주소지와 관계없이 가까운 읍·면·동 주민센터에서 신청할 수 있다.

* 청소년참여위원회

「청소년 기본법」 제5조의2에 따라 여성가족부 및 지방자치단체가 청소년 관련 정책의 수립과 시행과정에 청소년의 의견을 수렴하고 참여를 촉진하기 위하여 구성·운영하는 청소년참여기구이다. 청소년참여위원회를 통해 청소년이 청소년정책의 형성·집행·평가과정에 주체적으로 참여할 수 있고, 청소년 친화적 정책의 구현이 가능하다.

＊청소년특별회의

「청소년 기본법」 제12조에 의하여 17개 시·도 청소년과 청소년 분야의 전문가가 토론과 활동을 통해 청소년이 바라는 정책과제를 발굴하고, 정부에 제안하여 정책화하는 전국 규모의 청소년참여기구이다.

＊청소년활동 진흥법(靑少年活動 振興法)

「청소년 기본법」 제47조 제2항의 규정에 따라 청소년활동을 적극적으로 진흥하기 위한 필요한 사항을 정함을 목적으로 제정된 법률이다(법률 제7163호, 2004. 2. 9., 제정).

＊학교 밖 청소년 지원에 관한 법률

「청소년 기본법」 제49조제4항에 따라 학교 밖 청소년 지원에 관한 사항을 규정함으로써 학교 밖 청소년이 건강한 사회구성원으로 성장할 수 있도록 함을 목적으로 제정된 법률이다(법률 제12700호, 2014. 5. 28., 제정).

＊학교전담경찰관(School Police Officer)

각 초·중·고등학교에 배치되어 학교폭력 예방 교육과 상담 등을 담당한다. 학교전담경찰관의 역할은 강의로 학교폭력에 대한 경각심을 높이고, 상담으로 학교폭력 가·피해 학생을 선도 및 보호하며 학부모, 교사와의 유기적 관계를 유지하여 학교폭력을 예방 및 근절하는 것이다.

＊학교폭력(學校暴力)

「학교폭력예방 및 대책에 관한 법률」 제2조에 의거하여 학교 내외에서 학생을 대상으로 발생한 상해, 폭력, 감금, 협박, 약취유인, 명예훼손·모욕, 공갈, 강요·강제적 심부름 및 성폭력, 따돌림, 사이버 따돌림, 정보통신망을 이용한 음란폭력 정보 등에 의하여 신체정신 또는 재산상의 피해를 주는 행동 모두를 말한다.

＊ 학교폭력예방 및 대책에 관한 법률

학교폭력의 예방과 대책에 필요한 사항을 규정함으로써 피해학생의 보호, 가해학생의 선도·교육 및 피해학생과 가해학생 간의 분쟁조정을 통하여 학생의 인권을 보호하고 학생을 건전한 사회구성원으로 육성함을 목적으로 제정된 법률이다(법률 제7119호, 2004. 1. 29., 제정).

＊ 학령인구(學齡人口)

학령인구는 교육인구 규모를 가늠할 수 있는 일차적 요인으로 우리나라 학령인구는 만 6세 이상부터 만 21세 인구, 즉 6~11세는 초등학교 해당 인구이고, 12~17세는 중등학교, 18~21세는 고등교육인구에 해당한다.

＊ 한국청소년단체협의회

국내 청소년단체들의 자발적인 민간협의체로 약칭 '청협(靑協)'이라 한다. 국가발전에 이바지할 수 있는 바람직한 청소년 육성을 목적으로 청소년 문제에 대한 공동연구, 정보교환, 청소년단체 간의 상호협력을 도모하고 있으며 청소년 관련 정부부처, 유관 사회단체, 각급 학교 및 세계청소년기구와의 연계적인 협력체계를 구축하여 활동하고 있다.

＊ 한국청소년상담복지개발원

여성가족부 산하 공공기관으로 국책 상담복지 중추기관으로서 청소년 문제의 예방 및 해결을 위해 일하고 있다. 주요 사업으로는 청소년 상담 및 복지와 관련된 정책의 연구, 청소년 상담복지 사업의 개발 및 운영지원, 청소년 상담 기법의 개발 및 상담자료의 제작보급, 청소년 상담복지 인력의 양성 및 교육 등이 있다.

＊ 한국청소년활동진흥원

「청소년활동 진흥법」 제6조에 의해 청소년활동 현장과 정책을 총괄 지원하여 청소년 육성을 지원하고자 설립된 공공기관이다. 주요 정책지원 사업으로는 청소년활동 프로그램을 인증하고 그 기록을 유지·관리·제공하는 '청소년수련활동 인증제', 청소년 자원봉사 활동의 지원과 기록 관리, 청소년들이 신체단련·자기개발·자원봉사·탐험활동을 고르게 지속적으로 수행하여 꿈과 끼를 개발할 수 있도록 하는 '국제청소년 성취포상제', 수련시설 종합 안전점검 지원 및 안전 관련 컨설팅 홍보, 국내·외 청소년 및 청소년지도자의 글로벌 역량강화를 위한 교류활동의 진흥 및 지원사업 등이 있다. 이와 함께 청소년활동 활성화의 근간이 되는 국립 청소년수련시설의 운영과 청소년지도자 양성 및 전문성 제고를 주된 기능으로 하고 있다.

* 합계출산율

한 여성이 가임기간(15~49세)에 낳을 것으로 기대되는 평균 출생아 수를 말한다. 특히 출산력 수준을 비교하기 위해 대표적으로 활용되는 지표로서 일반적으로 연령별 출산율의 합으로 계산된다.

* Wee센터

Wee는 We(우리들)와 education(교육), emotion(감성)의 합성어로, 학교, 교육청, 지역사회가 연계하여 학생들의 건강하고, 즐거운 학교생활을 지원하는 다중의 통합지원 서비스망이다.

청소년지도사 자격시험 시행계획 공고

공고 제0000-000호

0000년도 제00회 청소년지도사 자격시험 시행계획 공고

청소년기본법 제21조제6항 및 같은 법 시행규칙 제4조의 규정에 따라 0000년도 제00회 청소년지도사 자격시험 시행계획을 다음과 같이 공고합니다.

0000년 00월 00일

여성가족부 장관

한국산업인력공단 이사장

강 조 사 항

〈응시자격 및 필기시험 면제서류 제출 기간〉
0000. 00. 00.(요일)~00. 00.(요일) [10일간]

※ 제1차(필기) 및 제2차(면접) 시험에 응시하기 위한 원서접수 기간은 4쪽

3. 시험 일정 참조

☐ 대상자는 **반드시 위 기간에 응시자격 및 필기시험 면제서류 제출**하여야 하며, 특히, 필기시험 면제대상자가 서류심사 기간에 **면제서류(졸업증명서 및 성적증명서 등)를 제출하지 않고 면접시험에 접수·응시할 경우 면접시험 합격(예정)이 취소됨**

- 단, **0000년 00월 졸업예정자에 한하여** 0000. 00. 00.(요일)~00. 00.(요일)에 졸업증명서 및 성적증명서 제출 가능

※ 서류제출기간 착오 등으로 면제서류를 미제출하여 발생하는 불이익은 전적으로 수험자 귀책사유이며 졸업예정자 서류심사 결과 발표 전 자격연수를 받은 경우 면접시험 합격 취소와 동시에 자격연수도 무효처리되므로 반드시 면접시험 접수 전 필기면제 서류심사 통과 여부를 확인하시기 바랍니다.

1. 0000년·0000년 변경사항 안내

○ 국가전문자격시험 신분확인 및 전자(통신)기기 관리·운영 변경

1. 시험당일 **인정 신분증을 지참하지 않은 경우 당해시험 정지(퇴실) 및 무효 처리**
2. **전자·통신기기**(전자계산기 등 소지를 허용한 물품 제외)의 **시험장 반입 원칙적 금지**
3. 소지품 정리시간(수험자교육 시 휴대폰 등 전자기기 지정장소 제출) 이후 **시험 중 전자·통신기기 등 소지불가 물품을 소지·착용하고 있는 경우에는 당해 시험 정지(퇴실) 및 무효(0점) 처리**
4. 본 변경기준은 시험일 기준 **0000. 00. 00. 이후 실시하는 시험부터 적용**

○ 청소년육성업무 종사경력 인정기관 추가(**청소년지도사 자격검정 및 연수 규정 제32조제2항 관련 별표2**)

종 사 분 야	경력환산 점수(1월당)	비 고
1.~9. 〈생략〉 9의2. 〈추가〉「학교 밖 청소년지원에 관한 법률」 제10조에 의한 '내일이룸학교'에서 근무한 경력 10. 제1호~제9호의2와 유사한 경력으로 자격검정 및 연수위원회로부터 인정받은 경력	1점	1점은 청소년 육성업무 종사경력 1개월로 환산하여 적용함
11. ~ 13. 〈생략〉 13의2. 〈추가〉지방자치단체 조례에 의거 설치된 학생교육원, 학생수련원, 인터넷중독예방상담센터 등에서 청소년활동 업무에 종사한 경력 13의3.~16. 〈생략〉	0.5점	

○ (0000년도 제00회 청소년지도사 자격시험부터) 졸업예정자의 서류제출
시기 변경 및 제출서류 간소화

▶ 졸업예정자도 **응시자격 서류제출 기간에 졸업예정증명서와 전공과목 이수를
확인할 수 있는 성적증명서를 제출**하여야 하며, 졸업확인 서류 제출은 생략됨
 − 기존 : 면접시험 접수 → 응시 및 합격 → 2차 서류제출(졸업증명서,
 성적증명서) → 결과발표
 − 변경 : 서류제출(**졸업예정증명서**, 성적증명서) → 면접시험 접수 →
 응시 및 합격

2. 주요 안내사항

☐ 졸업자이면서 타(전문)대학교 편입학, 학점은행제, 대학원 등을 통하여 **전공과목
이수 예정인 사람은 졸업예정자가 아니므로 반드시 면접시험 원서접수 전 서류
제출 기간에 응시자격(필기시험 면제) 증빙 서류를 제출**하여야 함
 ※ 서류제출기간: 0000. 00. 00.~00. 00.(졸업자는 반드시 해당 기간에 서류를 제출하
 여야 함)
 ※ 졸업예정자는 서류제출 시 졸업연도를 확인하며 졸업연도가 반드시 0000년 이어야 함
 (졸업증명서 상의 졸업년도가 0000년이 아닐 경우 불합격)

필기시험 면제자 유형 예시

[2급 청소년지도사]
1. 대학졸업 + (졸업한 대학교에서)전공과목 이수 : 0000. 00. 00.~00. 00.
 필기면제 증빙서류 제출
2. 대학졸업 + 학점은행제/타대학/대학원 전공과목이수 : 0000. 00. 00.~00. 00.
 필기면제 증빙서류 제출
 ※ 2호에 해당하는 사람이 서류제출 마감일(0000. 00. 00.)기준 과목이수가 완료되
 지 않을 경우 다음 회(제00회) 시험에 응시하여야 함. 면접시험에 '졸업예정자'
 유형으로 접수하여 합격한다 하더라도 합격이 취소됨

3. 대학졸업예정자(**0000년 졸업**) : 0000. 00. 00.~00. 00. 필기면제 증빙서류 제출

4. 전문대졸업 + 대학교 편입 후 졸업예정자(**0000년 졸업**) : 0000. 00. 00.~00. 00. 필기면제 증빙서류 제출

[3급 청소년지도사]

1. 전문대졸업 + (졸업한 전문대학교에서)전공과목 이수 : 0000. 00. 00.~00. 00. 필기면제 증빙서류 제출

2. 전문대졸업 + 학점은행제/타전문대/대학교 과목이수 : 0000. 00. 00.~ 00. 00. 필기면제 증빙서류 제출

   ※ 2호에 해당하는 사람이 서류제출 마감일(0000.00.00.)기준 과목이수가 완료 되지 않을 경우 다음 회(제30회) 시험에 응시하여야 함. 면접시험에 '졸업예정자' 유형으로 접수하여 합격한다 하더라도 합격이 취소됨

3. 전문대졸업예정자(**0000년 졸업자**) : 0000. 00. 00.~00. 00. 필기면제 증빙서류 제출

☐ 필기시험 빈자리 추가접수 실시

   ○ 응시취소자 수수료 반환 마감 후 2일간(0000. 00. 00. 09시~00. 00. 18시) 취소자로 발생한 시험장의 수용인원 범위 내에서 빈자리 원서접수 실시

☐ **필기시험 면제자는 필기시험 면제 서류제출 전 반드시 큐넷 회원가입을 하여야 함**

☐ **"최종합격자 발표일(0000. 00. 00.)"을 기준으로 결격사유에 해당하는 사람은 시험에 응시할 수 없으며, 시험에 응시하여 합격하여도 시험합격이 무효 처리됨**

[청소년기본법(법률 제17285호, 2020. 11. 20. 시행) 제21조 제5항]

3. 시험 일정

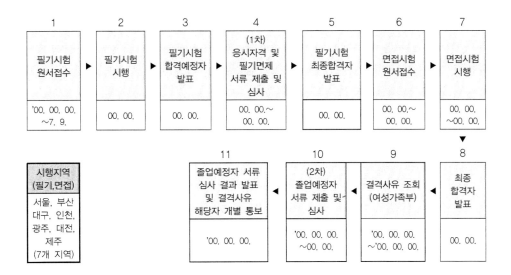

1	2	3	4	5	6	7
필기시험 원서접수	필기시험 시행	필기시험 합격예정자 발표	(1차) 응시자격 및 필기면제 서류 제출 및 심사	필기시험 최종합격자 발표	면접시험 원서접수	면접시험 시행
'00. 00. 00. ~7. 9.	00. 00.	00. 00.	00. 00.~ 00. 00.	00. 00.	00. 00.~ 00. 00.	00. 00. ~00. 00.

시행지역 (필기,면접)	11 졸업예정자 서류 심사 결과 발표 및 결격사유 해당자 개별 통보	10 (2차) 졸업예정자 서류 제출 및 심사	9 결격사유 조회 (여성가족부)	8 최종 합격자 발표
서울, 부산 대구, 인천, 광주, 대전, 제주 (7개 지역)	'00. 00. 00.	'00. 00. 00. ~00. 00.	'00. 00. 00. ~'00. 00. 00.	00. 00.

※ 원서접수는 접수 첫 날(00. 00.) 09:00부터~마지막 날(00. 00.) 18:00까지임

※ 원서접수기간 중에는 24시간 접수 가능[단, 원서접수 마감일은 18:00까지 접수 가능]하며, 접수기간 종료 후에는 응시원서 접수 불가

※ **전부면제자는 반드시 필기시험 원서접수를 하여야 함**

※ 졸업자, 과목이수자, 경력자는 위의 표4 기간에 증빙서류를 제출하여 승인받은 후 면접시험 원서접수를 하여야 함

※ 졸업예정자는 (2차) 졸업예정자 서류제출 기간(0000. 00. 00.~00. 00.)에 해당 증빙서류 제출

※ 시험 합격자가 응시자격 서류심사에서 **부적격 또는 불충족**으로 확인되면 합격이 **무효(0점)**가 됨

※ 면접시험 일시 및 장소는 면접시험 원서접수 시 **선착순**에 따라 수험자가 직접 선택

4.시행 및 서류심사기관

○ 공단 서울·부산·대구·인천·광주·대전지부, 제주지사(7개 기관)

기 관 명	주　　　소	우편번호	담당부서	연 락 처
서울지역본부	서울 동대문구 장안벚꽃로 279	02512	전문자격시험부	02-2137-0552
부산지역본부	부산 북구 금곡대로 441번길 26	46519	전문자격시험부	051-330-1916
대구지역본부	대구 달서구 성서공단로 213	42704	전문자격시험부	053-580-2384
인천지역본부	인천 남동구 남동서로 209	21634	전문자격시험부	032-820-8671
광주지역본부	광주 북구 첨단벤처로 82번지	61008	전문자격시험부	062-970-1775
대전지역본부	대전 중구 서문로 25번길 1	35000	전문자격시험부	042-580-9152
제주지사	제주 제주시 복지로 19	63220	자격시험부	064-729-0713

※ 본인 시험 응시 기관에 서류를 제출하여야 함

5. 시험 과목 및 시험방법

가. 시험과목(청소년기본법 시행령 제20조 제3항)

구 분	시험과목 및 시간			
	교시	시험과목	입실시간	시험시간
1급 (5과목)	1교시	○ 청소년연구방법론 ○ 청소년 인권과 참여 ○ 청소년정책론 ○ 청소년기관 운영 ○ 청소년지도자론	09:00까지	09:30~11:10 (100분)

2급 (8과목)	1교시	○ 청소년육성제도론 ○ 청소년지도방법론 ○ 청소년심리 및 상담 ○ 청소년문화	09:00까지	09:30~10:50 (80분)
	2교시	○ 청소년활동 ○ 청소년프로그램 개발과 평가 ○ 청소년문제와 보호 ○ 청소년복지	11:10까지	11:20~12:40 (80분)
3급 (7과목)	1교시	○ 청소년육성제도론 ○ 청소년지도방법론 ○ 청소년심리 및 상담 ○ 청소년문화	09:00까지	09:30~10:50 (80분)
	2교시	○ 청소년활동 ○ 청소년프로그램 개발과 평가 ○ 청소년문제와 보호	11:10까지	11:20~12:20 (60분)

※ 법령관련 출제 기준일은 필기시험 시행일(0000. 00. 00.) 기준임.
※ 기활용된 문제, 기출문제 등도 변형·활용되어 출제될 수 있습니다.

나. 시험방법

구 분	시험방법		면접시험
	필기시험		
1급 (5과목)	주관식 · 객관식	과목별 20문항(객14, 주6)	
2급 (8과목)	객관식	과목별 20문항	1조당 15분내외
3급 (7과목)	객관식	과목별 20문항	

6. 응시자격 및 결격사유

가. 응시자격(청소년기본법 시행령 제20조 제3항)

구 분	응 시 자 격 기 준
1급 청소년 지도사	2급 청소년지도사 자격 취득 후 청소년활동 등 청소년육성업무에 종사한 경력이 3년 이상인 사람
2급 청소년 지도사	1. 대학 졸업(예정)자 또는 이와 같은 수준 이상의 학력이 있는 사람으로서 2급 청소년지도사 필기시험 과목 모두를 전공과목으로 이수한 사람 2. 0000년 00월 00일 이전에 대학을 졸업하였거나 이와 같은 수준 이상의 학력을 취득한 사람으로서 별표1의 2에 따른 과목을 이수한 사람 3. 대학원의 학위과정 수료(예정)자로서 2급 청소년지도사 필기시험 과목 모두를 전공과목으로 이수한 사람 4. 0000년 00월 00일 이전에 대학원의 학위과정을 수료한 사람으로서 별표1의 2의 규정에 따른 과목 중 필수영역 과목을 이수한 사람 5. 대학 졸업 또는 이와 같은 수준 이상의 학력이 있다고 다른 법령에서 인정받은 후 청소년활동 등 청소년육성업무에 종사한 경력이 2년 이상인 사람 6. 전문대학 졸업 또는 이와 같은 수준 이상의 학력이 있다고 다른 법령에서 인정받은 후 청소년활동 등 청소년육성업무에 종사한 경력이 3년 이상인 사람 7. 3급 청소년지도사 자격 취득 후 청소년활동 등 청소년육성업무에 종사한 경력이 2년 이상인 사람 8. 고등학교 졸업 또는 이와 같은 수준 이상의 학력을 인정받은 후 청소년활동 등 청소년육성업무에 종사한 경력이 8년 이상인 사람
3급 청소년 지도사	1. 전문대학 졸업(예정)자 또는 이와 같은 수준 이상의 학력이 있는 자로서 3급 청소년지도사 필기시험 과목 모두를 전공과목으로 이수한 사람 2. 0000년 00월 00일 이전에 전문대학을 졸업하였거나 이와 같은 수준 이상의 학력을 취득한 사람으로서 별표1의 2에 따른 과목을 이수한 사람 3. 전문대학 졸업 또는 이와 같은 수준 이상의 학력이 있다고 다른 법령에서 인정받은 후 청소년활동 등 청소년육성업무에 종사한 경력이 2년 이상인 사람 4. 고등학교 졸업 또는 이와 같은 수준 이상의 학력이 있다고 다른 법령에서 인정받은 후 청소년활동 등 청소년육성업무에 종사한 경력이 3년 이상인 사람

1. 청소년활동 등 청소년육성업무 종사경력의 인정범위와 내용은 **여성가족부장관이 별도로 정하여 고시**한다.
2. 청소년기본법 시행령 제18조에 따른 청소년지도자 연수 등 **청소년육성 관련 연수 또는 교육을 받은 경우** 그 내용에 따라 점수로 환산하여 청소년지도사 자격 취득에 필요한 청소년활동 등 **청소년육성업무 종사경력으로 인정**할 수 있다. 이 경우 연수 및 교육을 받은 사람의 경력환산 점수는 여성가족부장관이 별도로 정하여 고시한다.
3. 고등학교, 대학, 전문대학 및 대학원이란 「초·중등교육법」 제2조 제3호에 따른 고등학교, 「고등교육법」 제2조에 따른 대학·전문대학, 「고등교육법」 제29조에 따른 대학원을 말한다.
4. **2급 청소년지도사 자격증을 소지**하고 대학원에서 1급 자격검정에 필요한 과목을 전공과목으로 이수한 석사학위 소지자 또는 박사학위 소지자는 각각 2년 또는 3년의 경력을 가진 것으로 인정한다.

※ 응시자격 및 필기시험 면제 기준일은 <u>서류제출 마감일(0000. 00. 00.)</u>임. 단, 졸업예정자의 경우 0000. 00. 00.임.
※ 과목명에 론·학·연구·과정·세미나·<u>이론</u>이 포함된 경우도 인정한다.
※ 2급 1, 3호 및 3급 1호에 해당하는 자는 청소년기본법 시행령 제20조 제4항에 따라, <u>필기시험이 면제되므로 0000. 00. 00.~00. 00. 기간에 면제서류 제출·통과 후 면접시험 접수·응시 가능</u>
※ 졸업예정자의 경우, 0000. 00. 00.~00. 00.까지 졸업·전공과목이수가 완료되어 졸업 및 전공과목이수를 증빙하는 서류를 제출하여야 하며 서류 미제출 또는 요건 미충족 시 최종 시험 합격 및 자격연수가 취소됨

나. 결격사유(청소년기본법 제21조 제4항)

1. 미성년자, 피성년후견인 또는 피한정후견인
2. 파산선고를 받고 복권되지 아니한 사람
3. 금고 이상의 형을 선고받고 그 집행이 끝나거나 집행을 받지 아니하기로 확정된 후 3년이 지나지 아니한 사람
4. 금고 이상의 형을 선고받고 그 집행유예의 기간이 끝나지 아니한 사람
4의2. 제3호 및 제4호에도 불구하고 다음 각 목의 어느 하나에 해당하는 죄

를 저지른 사람으로서 형 또는 치료감호를 선고받고 확정된 후 그 형 또는 치료감호의 전부 또는 일부의 집행이 끝나거나(집행이 끝난 것으로 보는 경우를 포함한다) 집행이 유예·면제된 날부터 10년이 지나지 아니한 사람

1) 「아동복지법」 제71조 제1항의 죄
2) 「성폭력범죄의 처벌 등에 관한 특례법」 제2조의 성폭력범죄
3) 「아동·청소년의 성보호에 관한 법률」 제2조 제2호의 아동·청소년대상 성범죄

5. 법원의 판결 또는 법률에 따라 자격이 상실되거나 정지된 사람

※ 최종합격자 발표일(0000. 00. 00.)을 기준으로 결격사유에 해당하는 사람은 시험에 응시할 수 없으며, 시험에 응시하여 합격하여도 "무효"처리 됨
[「청소년기본법」(법률 제17285호, 2020. 11. 20. 시행) 제21조 제5항]

※ 자격증 취득 후라도 상기 결격사유에 해당하거나 거짓이나 그 밖의 부정한 방법으로 자격을 취득한 사람, 자격증을 다른 사람에게 빌려주거나 양도한 경우 자격을 취소할 수 있음(청소년기본법 제21조의2)

※ 부정행위를 한 사람에 대하여는 해당 시험을 정지·무효로 하고 그 처분일로부터 3년간 시험 응시를 제한함(청소년기본법 제21조의3)

---

7. 응시원서 접수 및 수험표 교부

가. 접수자 유형 및 접수기간

○ 접수자 유형

- 일반응시자 : 필기, 면접시험 응시

- 필기면제자(청소년기본법시행령 제20조 제3항 관련 별표1의 2급 청소년 지도사 제1호 및 제3호, 3급 청소년지도사 제1호에 해당하는 사람, 0000 년도 제00회 면접시험 불합격자) : 면접시험만 응시
- 2급 면접시험 면제자(3급지도사 자격증 소지자) : 필기시험만 응시
- 2급 전부면제자(3급지도사 자격증 소지 + 필기시험면제자 요건 충족) : 필기시험 원서접수 시 '전부면제자' 유형으로 접수(시험 미응시)

○ 제1차(필기) 시험 : 0000. 00. 00.(요일) 09:00~00. 00.(요일) 18:00 [5일간]

○ 제2차(면접) 시험 : 0000. 00. 00.(요일) 09:00~00. 00.(요일) 18:00 [5일간]
  ※ 제1차 시험 빈자리 추가접수 : 0000. 00. 00.(요일) 09:00~00. 00.(요일) 18:00
- 빈자리 추가접수는 환불(취소)로 발생한 제한된 수용인원 범위 내에서만 선착순 접수되므로 사정에 따라 조기에 마감될 수 있으며, 이 기간에는 환불(취소)이 불가함
  ※ 전부면제자는 반드시 필기시험 원서접수 기간에 접수를 하여야 하며, 응시자격 및 면제서류 제출기간에 필기시험 면제서류를 제출·승인 받아야 함
  ※ 필기면제자는 필기시험 면제서류 제출·승인 후 면접시험 원서접수를 하여야 함
  ※ 필기시험 장소는 인터넷 원서접수 시 수험자가 직접 선택
  ※ 면접시험 일시 및 장소, 선착순 방식에 따라 수험자가 원하는 일시 및 장소를 선택(접수마감 후 일정변경 불가)

나. 응시원서 접수방법

○ 청소년지도사 큐넷홈페이지(http://www.q-net.or.kr/site/jidosa) 온라 인 접수

○ 필기시험 면제자(졸업예정자 제외)는 서류제출 후 전산승인(통과) 후 면접시험에 접수하여야 함

○ 원서접수기간 내에는 접수 취소 후 재접수 가능

○ 원서접수기간 종료 이후에는 재접수 및 변경 불가

다. 응시 수수료: 전자결제(신용카드, 계좌이체, 가상계좌)

급 수	응시유형	1차(필기)	2차(면접)	계
1급	일반응시자	40,000원	–	40,000원
2급	면접면제자	27,000원	–	27,000원
	전부면제자	25,000원	–	25,000원
	필기면제자	–	40,000원	40,000원
	일반응시자	27,000원	15,000원	42,000원
3급	필기면제자	–	40,000원	40,000원
	일반응시자	27,000원	15,000원	42,000원

※ 가상계좌는 접수완료 시점이 13시 이전은 당일 14시까지 입금완료, 13시 이후는 익일 14시까지 입금완료 해야 함(지정시간까지 미입금 시 원서접수가 취소됨)
※ 접수마감일은 13시부터 18시까지 가상계좌 결제 불가하고 신용카드 및 계좌이체만 가능

라. 수수료 반환(「청소년지도사 자격검정 및 연수 규정」 제19조)

구 분	반 환 기 준
100% 반환	• 응시수수료를 과오납한 경우 • 시행기관의 귀책사유로 시험에 응시하지 못한 경우 • 원서접수기간내 취소한 경우
60% 반환	• 시험 시행일 20일 전까지 접수를 취소하는 경우
50% 반환	• 시험 시행일 10일 전까지 접수를 취소하는 경우
	• 본인 또는 배우자의 부모 · (외)조부모 · 형제 · 자매, 배우자, 자녀가 시험일로부터 7일 전까지 사망하여 시험에 응시하지 못한 수험자가 시험일 이후 30일까지 환불을 신청한 경우 (신분증, 검정수수료 반환신청서, 사망확인서 제출_관련양식 큐넷 자료실 참고)
	• 본인의 사고 및 질병으로 입원하여 시험에 응시하지 못한 수험자가 시험일 이후 30일까지 환불을 신청한 경우 (신분증, 검정수수료 반환신청서, 입원확인서 제출_관련양식 큐넷 자료실 참고)
반환 불가	• 정해진 반환기간 종료 후 반환신청을 한 경우 • 시험에 결시한 경우 • 응시자격 부적격자로 합격예정이 취소된 경우

※ 환불신청(원서접수 취소)은 인터넷으로만 가능

마. 수험표 교부

○ 수험표는 인터넷 원서접수가 정상적으로 처리되면 수험자가 출력

○ 수험표는 시험 당일까지 수험자가 인터넷으로 재출력 가능

○ 수험표에는 시험일시, 입실시간, 시험장 위치(교통편), 수험자 유의사항 등이 기재되어 있음

※ 「SMART Q－Finder」 도입으로 시험전일 18:00부터 시험실을 확인할 수 있도록 서비스 제공

바. 원서접수 완료 후(결제완료 후) 접수내용 변경 방법

○ 원서접수기간 내에는 취소 후 재접수가 가능하나, 원서접수기간 종료 후에는 재접수 및 접수내용 변경 불가

8. 장애인 등 응시편의 제공

○ 시각, 뇌병변, 상지지체 등 장애인의 경우 원서접수 시 해당 장애유형 및 편의요청 사항을 표기하고, 장애인 증빙서류를 원서접수 마감 후 4일 이내에 시험장 관할 시행기관에 방문 또는 등기우편으로 제출하여야 편의 제공

○ 대장장애 등 배변에 장애가 있는 수험자는 의료법 제3조 제2항 제3호(**병원급 의료기관**)에서 정한 의료기관에서 발행한 진단서(**소견서 포함**)를 제출한 경우 시험 중 화장실 출입을 허용

※ 임산부는 의원급, 병원급 의료기관 소견서, 이외 수험자는 시험 중 화장실 출입 불가

※ 국가유공자 등 예우 및 지원에 관한 법률 시행령 제14조 제3항에 의한 상이등급에 해당하는 자는 국가보훈처장이 발행한 국가유공자증 사본 및 상이등급과 상이부위 확인이 가능한 서류(상이판정 신체검사 결과통지서 등) 각 1부

※ 증빙서류 미제출 시, 일반 수험자와 동일한 방법으로 응시해야 함

※ 장애인 등 편의 제공에 대한 세부내용은 Q-Net 청소년지도사 홈페이지 공지사항 참조

9. 응시자격 서류제출 및 심사

가. 서류제출 대상자

유형 1 │ 일반응시자 중 필기시험에 합격한 사람

　　※ 일반응시자 : 필기시험과 면접시험 모두 응시하는 사람

　　※ 필기시험 불합격자는 서류심사 대상에서 제외

유형 2 │ 면접시험 면제자(2급 필기시험 응시자 중 3급 소지자)

유형 3 │ 필기시험 면제자(전부면제자 포함)

2급 청소년지도사	☐ 대학 졸업(예정*)자 또는 이와 같은 수준 이상의 학력이 있는 사람으로서 **2급 청소년지도사 필기시험 과목 모두를 전공과목으로 이수한 사람** ☐ 대학원의 학위과정 수료(예정)자로서 2급 청소년지도사 필기시험 과목 모두를 전공과목으로 이수한 사람
3급 청소년지도사	☐ 전문대학 졸업(예정*)자 또는 이와 같은 수준 이상의 학력이 있는 자로서 **3급 청소년지도사 필기시험 과목 모두를 전공과목으로 이수한 사람**

※ 청소년기본법 시행령 제20조 제3항 및 제4항 참조
※ 전년도 1차 합격에 의한 필기면제자는 기 제출한 서류로 대체

졸업(수료)예정자란?
응시자격 및 면제서류심사 마감일(0000. 00. 00.) 현재 졸업 또는 수료(대학원일 경우만 해당)가 되지 않은 자로서 0000. 00. 00.~00. 00. 기간에 졸업증명서 및 성적증명서 등 필기시험 면제 증빙서류를 제출할 수 있는 사람 ※ 기졸업(수료)하였으나 검정 과목 이수예정인 사람은 졸업예정자가 아니므로 0000. 00. 00.~00. 00.에 면제요건을 충족하여 서류를 제출해야만 제00회 시험의 필기시험 면제가 가능함

　　○ 정해진 기간 내에 제출하지 않거나 심사결과 부적격자일 경우에는 시험
　　　(필기, 면접) 불합격 처리함

　　　※ 서류심사 결과 상시확인 가능 : 청소년지도사 큐넷 홈페이지＞마이페
　　　　이지(나의 면제정보)

나. 제출 기간 : 0000. 00. 00.(요일) 09:00~00. 00.(요일) 18:00

○ (2급, 3급) 필기시험 면제자 중 "졸업예정자"는 0000. 00. 00.~00. 00.에 졸업 및 전공이수를 확인하는 증빙서류를 제출

※ 관련근거 : 「청소년지도사 자격검정 및 연수 규정」(여성가족부 고시 제0000-0호) 제16조(졸업예정자의 졸업 및 전공과목이수 확인 서류 제출)

※ 자세한 사항은 아래의 응시자격 유형별 제출서류 참고

다. 제출 방법 : 방문, 등기접수 및 온라인 학력증명서 첨부 시스템

※ 등기접수는 서류제출 마감일 18:00까지 서류심사기관 도착분에 한하여 인정

라. 심사기관 : 공단 서울, 부산, 대구, 인천, 광주, 대전지부, 제주지사

※ 기관별 주소는 │ 4. 시행 및 서류심사기관 │ 참고

※ 본부(울산)에서는 응시자격 서류를 심사하지 않으며, 본부에 제출한 서류에 대하여는 심사하지 않음

※ 본인 시험 응시기관에 심사서류 제출하여야 함

마. 제출 서류(자격검정 요강 참조)

┌───┐
│ **공통서류 + 본인의 응시유형에 해당하는 유형별 제출서류** │
└───┘

※ 제출서류에 관한 자세한 사항은 반드시 0000년 청소년지도사 자격검정 요강 참조

○ 공통서류(필수제출)
- 응시자격 서류심사 신청서 1부
- 개인정보 수집·이용 및 제3자 제공동의서
  ※ 양식은 청소년지도사 큐넷 홈페이지 자료실(서식 자료실)에서 다운

○ 유형별 제출서류

구 분	응시자격 기준	제출서류	비고
1급	2급 청소년지도사 자격증 소지 + 청소년육성업무 종사 경력 3년	- 자격증 사본 1부 - 경력증명서 1부 - (해당자) 경력인정 증빙서류 1부 - 건강보험자격득실확인서 1부	〈학력서류 관련〉 ※ 성적증명서 이수구분에 "전공"으로 표기되지 않은 경우 인정 불가 ※ 과목명 - 론·학·연구·과정·세미나·이론 인정 ※ 학점은행제 학위취득자는 '학위증명서' 제출 ※ 학점은행제 전공 이수자는 '학점인정증명서' 추가 제출 ※ 졸업예정자는 0000. 00. 00.(요일)~00. 00.(요일) 기간에 '졸업증명서, 성적증명서 보충족으로 제출하여야 함 (미제출시 응시자격 불충족으로 필기, 면접시험 합격 및 자격연수 자격취소됨) ※ 국외에서 취득한 하위서류는 졸업증명서 등의 원본서류에 대해 대사관 확인(아포스티유 협약 가입국가는 아포스티유 대체) 후 한국어로 번역·공증하여 서류제출 기간 내에 응단 시 향기간에 제출하여야 함 ※ 이전에 서류를 제출하였다 하더라도 응시 급수가 다를 경우 정해진 기한 내 해당 급수로 신청서 작성 후 증빙서류 제출하여야 함 〈경력서류 관련〉 ※ 건강보험자격득실 확인서는 '전체이력'으로 출력하고, 고용보험 피보험자의 이력 내역서 또는 국민연금 가입자 가입증명서(전체이력)로 대체 가능 ※ 청소년지도사 전문연수 또는 보수교육 이수자는 수료증을 제출할 시 경력으로 인정으로 인정하나 전문연수는 최대 12개월, 보수교육은 최대 1개월만 인정 (20시간당 1개월로 환산되 경력으로 인정)
2급	1. (필기면제) 대학졸업(예정) + 8과목 전공이수	- 대학 졸업증명서 - 성적증명서	
	2. '05.12.31 이전 대학졸업 + 별표1의 2과목 이수		
	3. (필기면제) 대학원수료(예정) + 8과목 전공이수	- 대학원 수료 증명서 - 성적증명서	
	4. '05.12.31 이전 대학원수료 + 별표1의 2과목 이수		
	5. 대학졸업 + 청소년육성업무 종사 경력 2년	- 졸업증명서 - 경력증명서 1부 - 건강보험자격득실확인서 1부 - (해당자) 경력인정 증빙서류	
	6. 전문대학 졸업 + 청소년육성업무 종사 경력 3년		
	7. 고등학교 졸업 + 청소년육성업무 종사 경력 8년		
	8. 3급 청소년지도사 자격증 소지 + 청소년육성업무 종사 경력 2년	- 자격증 사본 1부 - 경력증명서 1부 - 건강보험자격득실확인서 1부 - (해당자) 경력인정 증빙서류	
3급	1. (필기면제) 전문대학 졸업(예정) + 과목 전공이수	- 전문대학교 졸업증명서 - 성적증명서	
	2. '05.12.31 이전 전문대학 졸업 + 별표1의 2과목 이수		
	3. 전문대학 졸업 + 청소년육성업무 종사 경력 2년	- 졸업증명서 - 경력증명서 1부 - 건강보험자격득실확인서 1부 - (해당자) 경력인정 증빙서류	
	4. 고등학교 졸업 + 청소년육성업무 종사 경력 3년		

○ 서류제출자 유의사항

– 온라인학력증명시스템으로 학력서류 제출 시 공통서류(응시자격 서류심사 신청서, 개인정보 제3자 제공 동의서)만 제출함.

– 정해진 기한 내 서류를 제출하지 않거나, 서류심사 결과 부적격(학력미달, 이수과목 부족, 경력 미충족, 서류 미제출 등) 해당 시에는 합격예정을 취소(무효, 0점)함.

– 모든 증빙서류는 최근 3개월 이내에 발급받은 원본 제출을 원칙으로 함.

  ※ 단, '사본' 제출을 명시한 경우에만 사본제출이 가능하며, 관공서 팩스민원 및 인터넷으로 발급받은 증명서는 원본으로 인정함.

  ※ 졸업예정자의 전공과목 이수 상태는 2차 서류심사 결과 발표일(0000. 00. 00.)까지 유지되어야 하며, 성적증명서 발급 후 전공을 변경하여 졸업하는 등 전공과목 이수 상태가 변경될 경우 필기면제 요건 미충족으로 불합격 처리될 수 있음에 유의

– 제출 시 봉투 겉면에 '0000년 제00회 청소년지도사 응시자격(면제) 서류제출' 표기 요망

응시자격(필기면제) 서류심사 관련 강조사항

1. 필기시험 면제자는 필기시험 서류제출 전 반드시 큐넷 회원 가입 후 필기 면제서류를 제출하여야 함

2. 응시자격 및 필기시험 면제서류는 0000. 00. 00.(요일) 09:00~0000. 00. 00.(요일) 18:00 까지 제출·통과 후 면접시험에 접수할 수 있음

3. 졸업(수료)예정자는 졸업증명서, 성적증명서, 학점인정증명서를 0000. 00. 00.(요일) 09:00~00. 00.(요일) 18:00까지 제출하여야 하며 미제출, 심사결과 부적격 시 시험합격 및 연수수료가 취소됨

4. 원서접수기간에는 서류를 받지 않음

5. 서류심사 결과 확인 가능 : 큐넷 청소년지도사 홈페이지〉마이페이지 (나의 면제정보)

  ※ 서류 접수량에 따라 확인까지 제출 후 2~3일 소요될 수 있음

6. 응시자격 증명을 위해 서류준비 시 반드시 **청소년지도사 큐넷 홈페이지 공지사항** '0000년 청소년지도사 자격검정 요강' 확인

7. 국외에서 취득한 학위증명서, 졸업증명서 등은 원본서류에 대해 대사관 확인(아포스티유 협약 가입국가는 아포스티유 증명서로 대체) 후 한국어로 번역·공증하여 서류제출 기간 내에 공단 시행기관에 제출하여야 함

10. 가답안 공개 및 의견제시 접수

○ 기간: 0000. 00. 00.(요일) 14:00~00. 00.(요일) 18:00

※ 가답안 의견제시에 관한 개별회신은 하지 않으며, 합격예정자 발표 시 공지하는 최종정답 발표로 갈음

11. 합격자 결정 및 발표

가. 발표 결정

○ 필기시험

− 매 과목 100점을 만점으로 하여 과목 당 40점 이상, 전 과목 평균 60점 이상을 득점한 사람을 합격(예정)자로 결정

○ 면접시험

− 면접시험위원 전원(3인)의 평정점수 합계를 평균하여 10점 이상을 득점한 자를 면접시험 합격자로 결정. 단, 면접시험위원의 2인 이상이 어느 하나의 평가항목에 대하여 "하(1점)"로 평정한 때에는 평균점수와 관계 없이 불합격으로 결정

나. 발표 일정

1) 필기시험 합격(예정)자 발표 : 0000. 00. 00.(요일) 09:00
2) 필기시험 최종 합격자 발표 : 0000. 00. 00.(요일) 09:00
   ○ 면접시험 일시 및 장소 안내 병행
3) 최종 합격자 발표 : 0000. 00. 00.(요일) 09:00
   ○ 필기시험 합격 후 면접시험 불합격자는 다음해 회차에 한하여 필기
     시험을 면제
   ○ 응시자격 서류심사가 완료된 수험자(경력자 등)의 최종 합격자 명단
     을 한국청소년활동진흥원으로 송부(1차)
4) 졸업예정자의 졸업 확인서류심사 결과 발표 : 0000. 00. 00.(요일) 09:00
   ○ 졸업예정자 서류심사 결과에 따라 합격자 명단을 한국청소년활동진
     흥원으로 송부(2차)

다. 발표 방법

○ 청소년지도사 큐넷(http://www.Q-Net.or.kr/site/jidosa)홈페이지 게시
○ ARS(1666-0100) 4일간 발표

---

12. 자격연수 및 자격증 교부(한국청소년활동진흥원)

1. 자격연수

1) 주   관 : 한국청소년활동진흥원
2) 연수대상 : 자격검정시험 합격자 전원(0000년 이후 연수 불참자 및 미수
            료자)

3) 연수시기 : 0000년 00월부터 실시 예정(30시간 이상)

4) 연수접수 : 0000년 00월 00일(요일) 10:00

5) 접수방법 : 온라인접수(http://yworker.youth.go.kr) [차수별 선착순 마감]

6) 문의전화 : 인재개발본부 연수사업부(☎ 041-620-7722~7727)

7) 연수과정 수수료 : 81,000원(숙식비 미포함)

8) 유의사항

○ 졸업예정자는 졸업과 과목이수가 완료된 서류를 0000. 00. 00. 18:00 까지 한국산업인력공단으로 제출

○ 연수 수료가 완료되어도 최종 응시자격(면제) 서류심사 및 결격사유 조회에서 불합격 시 연수 수료 및 면접시험 합격이 취소(무효, 0점)됨 [「청소년기본법」 제21조 및 '청소년지도사 자격검정 및 연수규정'(여성가족부 고시 0000-0호)]

2. 자격증 교부 절차

1) 청소년지도사 자격시험(필기, 면접)에 최종합격하고 자격연수 수료

2) 자격연수 수료 후(2차) 결격사유 조회(청소년기본법 제21조)
   (연수 참가 시, 행정정보공동이용1) 정보 열람 동의)

3) 결격사유 조회 완료 후 '청소년지도사 자격증' 발급
   졸업(수료)예정자는 응시자격(면제) 서류 최종 심사 완료 후 최종합격자 수신이 이루어지는 4월 이후에 자격증을 교부함

---

1) 행정정보공동이용이란, 행정기관, 공공기관, 금융기관, 교육기관 등이 정보들을 서로 공유하여 업무를 전자적으로 처리함으로써 국민에게는 민원 편의성을 정부차원에서는 효율적인 행정을 할 수 있는 전자정부의 핵심 서비스

13. 수험자 유의사항

【제1·2차 시험 공통 수험자 유의사항】

1. 수험원서 또는 제출서류 등의 허위작성·위조·기재오기·누락 및 연락불능의 경우에 발생하는 불이익은 전적으로 수험자 책임입니다.
   - ※ Q-Net의 회원정보에 반드시 연락 가능한 전화번호로 수정
   - ※ 알림서비스 수신동의 시에 시험실 사전 안내 및 합격축하 메시지 발송

2. 수험자는 시험시행 전까지 시험장 위치 및 교통편을 확인하여야 하며(단, 시험실 출입은 할 수 없음), 시험당일 교시별 입실시간까지 신분증, 수험표, 필기구를 지참하고 해당 시험실의 지정된 좌석에 착석하여야 합니다.
   - ※ 매 교시 시험시작 이후 입실불가
   - ※ 수험자 입실완료시간 20분 전 교시별 좌석배치도 부착
   - ※ 신분증인정범위(0000년 00월 현재) : 주민등록증(주민등록발급신청서 포함), 운전면허증, 공무원증, 여권·복지카드(장애인등록증), 외국인등록증 등
   - ※ 신분증 인정범위는 관련 규정에 따라 변경될 수 있으므로 자세한 사항은 큐넷 청소년지도사 홈페이지 공지사항 참조
   - ※ 신분증(증명서)에는 사진, 성명, 주민번호(생년월일), 발급기관이 반드시 포함(없는 경우 불인정)
   - ※ 신분증 미지참자는 응시불가

3. 본인이 원서접수 시 선택한 시험장이 아닌 다른 시험장이나 지정된 시험실 좌석 이외에는 응시할 수 없습니다.

4. 시험시간 중에는 화장실 출입이 불가하고 종료 시까지 퇴실할 수 없습니다.
   - ※ '시험포기각서' 제출 후 퇴실한 수험자는 다음 교(차)시 재입실·응시 불가 및 당해시험 **무효처리**
   - ※ 단, 설사/배탈 등 긴급사항 발생으로 중도퇴실 시 해당교시 재 입실이 불가하고, 시험시간 종료 전까지 시험본부에 대기

5. 결시 또는 기권, 답안카드(답안지) 제출 불응한 수험자는 해당교시 이후 시험에 응시할 수 없습니다.

6. 시험 종료 후 감독위원의 답안카드(답안지) 제출지시에 불응한 채 계속 답안카드(답안지)를 작성하는 경우 해당 시험은 **무효처리**하고 부정행위자로 처리될 수 있으니 유의하시기 바랍니다.

7. 수험자는 감독위원의 지시에 따라야 하며, 부정한 방법으로 시험에 응시한 사람 및 시험에서 부정한 행위를 한 응시자에 대하여는 그 시험을 **정지 또는 무효로 하거나 합격결정을 취소**하고, 그 시험을 정지하거나 무효로 한날 또는 합격결정을 취소한 날부터 **3년간 시험의 응시자격이 정지**됩니다.

8. 개인용 손목시계를 준비해서 시험시간을 관리하시기 바라며, 휴대전화기 등 데이터를 저장할 수 있는 전자기기는 시계대용으로 사용할 수 없습니다.

   ※ 시험시간은 타종에 의하여 관리되며, 교실에 비치되어 있는 시계 및 감독위원의 시간안내는 단순참고사항이며 시간 관리의 책임은 수험자에게 있음
   ※ 손목시계는 시각만 확인할 수 있는 단순한 것을 사용하여야 하며, 스마트워치 등 부정행위에 활용될 수 있는 일체의 시계 착용을 금함

9. 전자계산기는 필요시 1개만 사용할 수 있고 공학용 및 재무용 등 데이터 저장기능이 있는 전자계산기는 **수험자 본인**이 반드시 메모리(SD카드 포함)를 제거, 삭제(리셋, 초기화)하고 시험위원이 초기화 여부를 확인 할 경우에는 협조하여야 합니다. 메모리(SD카드 포함) 내용이 제거되지 않은 계산기는 사용불가하며 사용 시 부정행위로 처리될 수 있습니다.

   ※ 단, 메모리(SD카드 포함) 내용이 제거되지 않은 계산기는 사용 불가
   ※ 시험일 이전에 리셋 점검하여 계산기 작동 여부 등 사전확인 및 재설정(초기화 이후 세팅) 방법숙지

10. 시험시간 중에는 **통신기기** 및 **전자기기**[휴대용 전화기, 휴대용 개인정보단말기(PDA), 휴대용 멀티미디어 재생장치(PMP), 휴대용 컴퓨터, 휴대용 카세트, 디지털 카메라, 음성파일 변환기(MP3), 휴대용 게임기, 전자사전, 카메라펜, 시각표시 외의 기능이 부착된 시계, 스마트워치 등]를 일체 휴대할 수 없으며, **금속(전파)탐지기** 수색을 통해 시험도중 관련 **장비를 소지·착용**하다가 적발될 경우 실제 사용 여부와 관계없이 **당해시험을 정지(퇴실) 및 무효(0점) 처리**하며 부정행위자로 처리될 수 있음을 유의하기 바랍니다.

   ※ 휴대폰은 전원OFF하여 시험위원 지시에 따라 보관

11. 시험 당일 시험장 내에는 주차공간이 없거나 협소하므로 대중교통을 이용하여 주시고, 교통 혼잡이 예상되므로 미리 입실할 수 있도록 하시기 바랍니다.

12. 시험장은 전체가 금연구역이므로 흡연을 금지하며, 쓰레기를 함부로 버리거나 시설물이 훼손되지 않도록 주의 바랍니다.

13. 가답안 발표 후 의견제시는 반드시 정해진 기간 내에 제출하여야 합니다.

14. 기타 시험일정, 운영 등에 관한 사항은 청소년지도사 큐넷 홈페이지의 시행공고를 확인하시기 바라며, 미확인으로 인한 불이익은 수험자의 귀책입니다.

【제1차 시험 객관식 수험자 유의사항】

1. 답안카드에 기재된 '수험자 유의사항 및 답안카드 작성 시 유의사항'을 준수하시기 바랍니다.
2. 수험자교육시간에 감독위원 안내 또는 방송(유의사항)에 따라 답안카드에 수험번호를 기재 마킹하고, 배부된 시험지의 인쇄상태 확인 후 답안카드에 형별을 마킹하여야 합니다.
3. 답안카드는 국가전문자격 공통 표준형으로 문제번호가 1번부터 125번까지 인쇄되어 있습니다. 답안 마킹 시에는 반드시 시험문제지의 문제번호와 **동일한 번호에 마킹**하여야 합니다.
4. 답안카드 기재 · 마킹 시에는 **반드시 검정색 사인펜을 사용**하여야 합니다.
5. 채점은 전산 자동 판독 결과에 따르므로 유의사항을 지키지 않거나 수험자의 부주의(답안카드 기재 · 마킹착오, 불완전한 마킹 · 수정, 예비마킹, 형별착오 마킹 등)로 판독불능, 중복판독 등 불이익이 발생할 경우 **수험자 책임**으로 이의제기를 하더라도 받아들여지지 않습니다.
   ※ 답안을 잘못 작성했을 경우, 답안카드 교체 및 수정테이프 사용가능(단, 답안 이외 수험번호 등 인적사항은 수정불가)하며 재작성에 따른 시험시간은 별도로 부여하지 않음
   ※ 수정테이프 이외 수정액 및 스티커 등은 사용불가

6. (1급 응시자) 수험자 인적사항 · 답안지 등 작성은 반드시 **검정색 필기구만 사용**하여야 합니다(그외 연필류, 유색필기구 등으로 작성한 **답항은 채점하지 않으며 0점 처리**). 이외 사항은 주관식 답안지에 기재된 '답안지 작성 시 유의사항'을 준수하시기 바랍니다.
   ※ 필기구는 본인 지참으로 별도 지급하지 않음

【제2차 시험 면접 수험자 유의사항】

1. 면접시험 세부 일정 및 장소는 0000. 00. 00.(요일) 큐넷 청소년지도사 홈페이지(www.Q-Net.or.kr/site/jidosa)에 공고합니다.

2. 수험자는 일시 · 장소 및 입실시간을 정확하게 확인 후 신분증과 수험표를 소지하고 시험당일 입실시간까지 해당 시험장 수험자 대기실에 입실하여야 합니다.

   ※ 입실시간 이후에는 시험 응시가 불가하므로 시간 내 도착하여야 함

3. 소속회사 근무복, 군복, 교복 등 제복(**특정인임을 알 수 있는 모든 의복 포함**)을 착용하고 시험장에 입실할 수 없습니다.

★ 청소년지도사 자격시험의 엄정 · 공정한 시험 관리를 위해 수험자 여러분의 적극적인 협조를 당부드리며, 기타 시험에 관한 더 자세한 사항은 큐넷 홈페이지(http://www.Q-Net.or.kr/site/jidosa) 참조 또는 HRD고객센터(☎1644-8000)로 문의하시기 바랍니다.

비법노트

☆ 청소년의 정의

- 9세 이상 24세 이하의 사람 : 청소년 기본법, 청소년활동 진흥법, 청소년 복지지원법, 학교 밖 청소년 지원에 관한 법률
- 19세 미만의 사람 : 청소년 보호법, 아동청소년의 성보호에 관한 법률

- 아동복지법 : 18세 미만
- 근로기준법 : 15세 미만 – 사용금지(취직인허증 소지시 가능)
　　　　　　 15–18세 미만 – 연소자 증명서 비치
　　　　　　 18세 미만 – 유해·위험사업 사용금지
- 소년법 : 19세 미만
　※ 소년경찰 직무요강
　　• 10–19세 : 우범소년
　　• 10–14세 : 촉법소년
　　• 14–19세 : 범죄소년

☆ 청소년 관련 법

청소년 관련 법	– 청소년기본법 – 청소년활동진흥원 – 청소년복지지원법 – 청소년보호법 – 그 외 청소년관련 법 　가. 아동복지법 　나. 소년법 　다. 진로교육법 　라. 인성교육법 　마. 학교와 관련된 법
법률 2가지	– 학교 밖 청소년 지원에 관한 법률 – 아동청소년 성보호에 관한 법률

☆ 청소년지도사의 정의, 비교, 역할

- 정의 : 국가가 청소년 지도의 전문성을 확보하기 위해 청소년기본법에 근거하여 자격검정을 실시하고, 이에 합격한 자에게 부여하는 국가공인 자격증

- 청소년지도사와의 비교
  1. 청소년지도자
     청소년지도자는 청소년기본법에 의한 청소년지도사, 청소년상담사, 청소년시설이나 단체, 청소년관련 기관에서 청소년육성 및 지도업무에 종사하는 자를 총칭.
     즉, 청소년지도자가 더 큰 개념이고, 청소년지도사는 자격증을 가지는 청소년지도자라고 표현할 수 있다.
  2. 학교 교사
     학교 교사는 학교라는 공간에서 전문가에 의해 개발된 교육과정을 전달해주는 교사자의 역할이 강조된 자로, 교과서위주의 지식 교육을 위주로 한다.
  3. 사회복지사
     사회복지사는 사회복지법인 및 사회복지시설에서 사회복지 관련 전문지식을 가지고 활동하는 자로, 사회복지가 필요한 취약계층을 대상으로 한다.

- 청소년지도사의 역할
  - 교수자로서의 역할
  - 프로그램 개발자로서의 역할
  - 변화촉진자로서의 역할
  - 관리자로서의 역할
  - 복지사로서의 역할
  - 상담자로서의 역할
  - 협력자로서의 역할
- 청소년지도자의 자질
  - 인간적인 자질 – 감정이입적 태도, 진실성, 자기효능감, 가치관
  - 전문적인 자질 – 전문적 기술, 인간관계 기술, 의사소통 기술, 의사결정 기술, 상담기술, 연구기술, 리더십

☆ 청소년지도사 검정과목(8가지)

- 청소년육성제도론, 청소년지도방법론, 청소년심리및상담, 청소년문화론, 청소년활동론, 청소년복지론, 청소년프로그램개발과 평가, 청소년문제와 보호

☆ 청소년지도사 배치기준

- 청소년수련관(112) : 1급 - 1인, 2급 - 1인, 3급 - 2인
- 청소년수련원(011) : 2급, 3급 - 각 1인, 500명 초과 시 1급, 250명 추가마다 1명씩 추가
- 청소년문화의집(001) : 지도자 1인 이상
- 청소년특화시설(011) : 2급 및 3급 각 1인 이상
- 청소년야영장(001) : 지도자 1인 이상
- 유스호스텔(001) : 지도자 1인 이상, 500명 초과 시 2급 한명 추가

☆ 제 6차(2018~2022) 청소년정책 기본계획

- 정책 및 기본방향
- 비전 : 현재를 즐기는 청소년, 미래를 여는 청소년, 청소년을 존중하는 사회
- 목표
  - 청소년 참여 및 권리증진
  - 청소년 주도의 활동 활성화
  - 청소년 자립 및 보호지원 강화
  - 청소년 정책 추진체계 혁신
- 중점 과제
  - 청소년 참여 확대, 청소년 권리증진기반 조성, 청소년 민주시민 성장 지원
  - 청소년활동 및 성장지원 체계 혁신, 청소년 체험활동 활성화, 청소년 진로교육 지원 체제 강화
  - 청소년 사회안전망 확충, 대상별 맞춤형 지원, 청소년 유해환경 개선

및 보호지원 강화

- 청소년 정책 총괄·조정 강화, 지역 중심의 청소년 정책 추진체계 강화, 청소년지도자 역량 제고

☆ **청소년정책추진(여성가족부)**
- 청소년정책 참여기반 : 청소년정책포럼, 청소년의 달, 청소년특별회의, 청소년운영위원회, 청소년 참여 위원회
- 청소년활동 : 청소년어울림마당, 청소년수련활동인증제, 국제청소년성취 포상제, 청소년방과후아카데미운영
- 청소년 사회안전망 강화 : 지역사회청소년통합체계(CYS−NET), 헬프콜 1388, 학교 밖 청소년 지원센터
- 청소년 유해환경 개선 및 보호강화 : 인터넷 중독 예방치료, 성범죄자 의 신상공개, 여성 및 청소년보호 중앙점검단

☆ **청소년육성기금**
- 청소년육성을 위한 재원
- 기금 조성 : 정부의 출연금, 국민체육진흥법 및 경륜·경정법에 따른 출 연금, 개인·법인 또는 단체가 출연하는 금전·물품이나 그 밖의 재산, 기금의 운용으로 생기는 수익금, 그 밖에 대통령령으로 정하는 수입금

☆ **청소년활동**
- 청소년의 균형 있는 성장을 위하여 필요한 활동과 이러한 활동을 소재로 하는 수련활동·교류활동·문화활동 등 다양한 형태의 활동
  ※ 청소년 활동의 3요소
    수련거리, 수련시설, 청소년지도사.
- 청소년 수련활동의 구성요소
  수련거리, 수련터전, 청소년지도자, 청소년단체, 수련활동 동기부여와 참 여시간

☆ 청소년육성의 정의
- 청소년활동을 지원하고 청소년의 복지를 증진하며 근로 청소년을 보호하는 한편, 사회 여건과 환경을 청소년에게 유익하도록 개선하고 청소년을 보호하여 청소년에 대한 교육을 보완함으로써 청소년의 균형 있는 성장을 돕는 것
※ 청소년활동, 교육과의 비교

☆ 청소년 수련시설 6곳

시설명	숙박 여부
청소년수련관	×
청소년수련원	○
청소년문화의집	×
청소년특화시설	×
청소년야영장	○
유스호스텔	○

☆ 국립청소년수련원 5곳 [지도에서 북 → 남으로 외우기!]
- 국립평창청소년수련원(평창)
- 국립중앙청소년수련원(천안)
- 국립 영덕 청소년해양환경체험센터(영덕)
- 국립 김제 청소년농업생명체험센터(김제)
- 국립 고흥 청소년 우주체험센터(고흥)

☆ 청소년참여기구
- 청소년 특별회의 : 16개 시,도의 청소년분야 전문가와 청소년이 참여하는 범정부적 회의
- 청소년 참여위원회 : 청소년이 주체적으로 청소년 정책의 형성, 집행, 평가 과정에 참여할 수 있는 제도

- 청소년 운영위원회 : 수련시설 내의 청소년 참여기구(청소년수련관, 청소년문화의집)

☆ 청소년어울림마당
- 문화예술, 스포츠 등을 소재로 한 공연, 경연, 전시, 놀이체험 등 문화체험이 펼쳐지는 장

☆ 청소년문화존
- 청소년들이 주체가 되어 기획하고 진행하는 청소년들의 다양한 문화(예술, 문화, 놀이 등)를 표현하기 위한 장소

☆ 청소년수련활동인증제
- 정의 : 국가 및 지방자치단체 또는 개인·법인·단체 등이 실시하고자 하는 청소년수련활동을 인증하고, 인증수련활동에 참여한 청소년의 활동기록을 유지·관리·제공하는 국가인증제도

유형별 인증기준

영역/유형			인증기준	확인 요소
공동기준	1.활동프로그램		1. 프로그램 구성	9
			2. 프로그램 자원운영	
	2. 지도력		3. 지도자 전문성 확보계획	8
			4. 지도자 역할 및 배치	
	3. 활동환경		5. 공간과 설비의 확보 및 관리 6. 안전관리 계획	7
개별기준	활동유형	숙박형	1. 숙박관리, 2. 안전관리인력 확보, 3. 영양관리자 자격	5
		이동형	1. 숙박관리, 2. 안전관리인력확보, 3. 영양관리자 자격, 4. 휴식관리, 5. 이동관리	7
특별기준	위험도가 높은 활동		3. 전문지도자의 배치 4. 공간과 설비, 안전관리	4

학교단체 숙박형	2. 학교단체 숙박형 활동 관리	3
비대면방식 실시간 쌍방향	2. 실시간 쌍방향 활동 운영 및 관리	5
비대면방식 콘텐츠 활용 중심	2. 콘텐츠 활용 중심 활동 운영 및 관리	6
비대면방식 과제수행 중심	2. 과제수행 중심 활동 운영 및 관리	5

☆ 청소년수련활동신고제
  – 정의 : 청소년을 대상으로 하는 청소년수련활동 계획을 사전에 신고하도록 하고, 관련 정도를 참가자가 편리하게 확인할 수 있도록 인터넷에 공개하는 제도

☆ 국제청소년성취포상제
  – 포상 단계별 포상활동 영역 및 최소 활동 기간

구분	봉사활동	자기개발 활동	신체단련 활동	탐험활동	합숙활동
금장 만 16세 이상	12개월 48시간 이상 (48회 이상)	12개월 48시간 이상 (48회 이상)	12개월 48시간 이상 (48회 이상)	3박 4일	4박 5일 ※ 금장에 한함
	은장을 보유하지 않은 자는 봉사, 자기개발, 신체단련 중 하나를 선택하여 추가로 6개월 수행				
은장 만 15세 이상	6개월 24시간 이상 (24회 이상)	6개월 24시간 이상 (24회 이상)	6개월 24시간 이상 (24회 이상)	2박 3일	
	동장을 보유하지 않은 자는 봉사, 자기개발, 신체단련 중 하나를 선택하여 추가로 6개월 수행				
동장 만 14세 이상	3개월 12시간 이상 (12회 이상)	3개월 12시간 이상 (12회 이상)	3개월 12시간 이상 (12회 이상)	1박 2일	
	참가자는 봉사, 자기개발, 신체단련 중 하나를 선택하여 추가로 3개월 수행				

☆ 청소년자기도전포상제
 ─ 포상 단계별 포상활동 영역 최소 활동기간

포상단계	활동 구분	자기개발 활동	신체단련 활동	봉사활동	탐험활동	완수시간
금장	도전 활동	24회/ 24시간	24회/ 24시간	24회/ 24시간	2박 3일/ 15시간	도전활동 24회, 87시간
금장	성취 활동	─ 자기개발·신체단련·봉사활동 중 한 가지 활동을 선택하여 각 활동당 7일 간격 최소 24회(24시간) 이상 활동 ─ 은장 활동을 마친 청소년은 성취활동 면제				성취활동 24회, 24시간
						총 완수시간 48회, 111시간
은장	도전 활동	16회/ 16시간	16회/ 16시간	16회/ 16시간	1박 2일/ 10시간	도전활동 16회, 58시간
은장	성취 활동	─ 자기개발·신체단련·봉사활동 중 한 가지 활동을 선택하여 각 활동당 7일 간격 최소 16회(16시간) 이상 활동 ─ 동장 활동을 마친 청소년은 성취활동 면제				성취활동 16회, 16시간
						총 완수시간 32회, 74시간
동장	도전 활동	8회/ 8시간	8회/ 8시간	8회/ 8시간	1일/ 5시간	도전활동 8회, 29시간
동장	성취 활동	─ 자기개발·신체단련·봉사활동 중 한 가지 활동을 선택하여 각 활동당 7일 간격 최소 8회(8시간)이상 활동				성취활동 8회, 8시간
						총 완수시간 16회, 37시간

☆ 방과후 아카데미
 ─ 정의 : 초등학교 4학년부터 중학교 3학년까지의 청소년을 대상으로 여성가족부와 지방자치단체에서 청소년들의 건강한 방과 후 생활과 삶의 질 향상을 위해 전문체험 및 학습 프로그램, 청소년 생활관리 등 종합서비스를 지원하는 국가정책지원 사업
 ※ 방과후 학교, 청소년공부방, 지역아동센터와 비교

☆ 프로그램 개발단계

```
프로그램 기획 → 프로그램 설계 (→ 프로그램 마케팅) → 프로그램 실행
→ 프로그램 평가
```

☆ 청소년상담복지센터 사업
  - 지역사회 청소년통합지원체계(CYS-Net) 운영 : 지역사회 위기청소년을 지원하는 원스톱 맞춤형 시스템
    • 청소년상담복지센터가 허브(HUB) 역할 담당한 통합지원 네트워크
    • 1388지원단도 CYS-Net의 일부
  - Help Call 청소년 전화 1388 운영
  - 청소년동반자(YC) 프로그램 운영 : 위기청소년들에게 찾아가서 서비스를 제공하는 사람
  - 청소년 아웃리치(Out-reach) 서비스
    • 2차적 문제행동(유해환경)에 빠지게 될 가능성이 높아 초기 집중구호 제공하는 활동

☆ CYS-Net과 Wee센터의 비교

구분	CYS-Net	Wee센터
주관부처	청소년정책을 주관하는 여성가족부	학교정책을 담당하는 교육부
명칭	지역사회청소년통합지원체계망	학생상담지원센터
대상	학교부적응 등 사유로 장기결석중인 학생과 학업을 중단한 청소년	학습부진학생, 학교부적응 학생 및 위기학생(일반학생 포함)
사업내용	시·도 및 시·군·구 청소년상담지원센터에서 경찰, 청소년쉼터, 1388청소년지원단, 의료기관, 등 관련 기관과 연계하여 청소년에 대한 상담·긴급구조·보호·치료·자활·학업지원 등 맞춤형 서비스를 제공	교육지원청을 중심으로 학교, 지역사회가 협력하여 위기학생에 대해 진단, 상담, 치유에 대한 원스톱 서비스를 제공

공통점	– 지역사회와 연계하여 위기 청소년에 대한 위기 예방, 보호, 치유를 통한 사회나 학교로의 정상적 복귀를 지원함 – 청소년을 위한 건전한 인터넷 문화 조성과 청소년 인터넷 게임 중독 예방·치료, 청소년 유해약물 방지 및 학교주변 유해환경 개선을 위해 공동 협력

☆ 청소년 쉼터
- 청소년일시 쉼터 : 24시간 ~7일
- 청소년단기 쉼터 : 3개월 (최장 9개월)
- 청소년중장기 쉼터 : 3년 이내

☆ 청소년증
- 정의 : 만 9세~만 18세(만 19세 미만) 청소년을 대상으로 청소년증을 발급하는 사업

☆ 디딤씨앗통장
- 정의 : 보건복지부에서 빈곤의 대물림을 예방하고 자립지원을 돕기 위한 통장

☆ 청소년지원센터 '꿈드림'의 주요 프로그램
- 학교 밖 청소년의 개인적 특성과 수요를 고려한 상담지원, 교육지원, 직업체험 및 취업지원, 자립지원 등의 프로그램
- 상담지원: 심리·진로 상담, 자립 및 학습동기 강화 상담, 가족 상담 등
- 교육지원: 복학, 상급학교·대안학교 진학 지원, 검정고시 지원, 문화·예술·체육 활동 지원
- 취업지원: 직업체험, 진로교육, 경제활동 체험, 취업연계 지원 등
- 자립지원: 생활지원, 건강·정서 지원, 법률교육, 자격취득, 자기개발 지원 등
- 건강증진: 건강검진, 건강생활 실천관리 지원, 체력관리 지원

- 특성화프로그램: 재능개발, 자원봉사활동, 지역사회 참여활동, 지역 특화 체험프로그램
- 멘토링프로그램: 교과서 학습 지원, 특기 적성 지도, 진로상담, 심리·정서 지도

☆ 청소년기의 특징
- 청소년기의 상상적 관중 : 자신은 항상 무대 위에 서 있는 것처럼 행동
- 청소년기의 개인적 우화 : 청소년은 자신이 특별한 존재라고 믿음

☆ 청소년의 달
- 청소년기본법에 의해 매년5월은 청소년의 달로 정함
  • 행사 : 청소년주간 기념식, 대한민국 청소년박람회, 다양한 체험행사 등

☆ 청소년주간
- 매년 5월 넷째 주를 청소년주간으로 지정

☆ 피아제 이론

발달단계	특 징	연령
1. 감각·동작기	동작에 의한 학습. 어떤 물체를 다른 각도에서 보아도 동일하다는 것(사물의 실재성)을 인식 못함. 의도적인 반복 행동.	0~2
2. 전조작 사고기	지각과 표상 등의 직접경험과 체험적인 행동. 사물을 단일차원에서 직관적으로 분류. 언어의 발달, 자기중심성의 사고와 언어태도, 비가역성	2~7
3. 구체적 조작기	동작으로 생각했던 것을 머리로 생각할 수 있음. 논리적 사고, 가역성 획득, 언어의 복잡화, 사고의 사회화	7~11
4. 형식적 조작기	추상적 개념의 이해, 문제해결에 있어 형식적 조작이 가능, 사물의 인과관계터득, 문제해결에 가설적용, 가설검증능력, 추리력, 응용력의 발달	11~15

☆ 마르샤의 정체감 지위 이론

- 정체감 혼미 : 위기×, 전념×
  → 스스로 의문을 가져본 적도 없고, 어떤 일을 왜 하는지에 대해서도
    관심이 없는 상태
- 정체감 상실 : 위기×, 전념○
  → 스스로 생각하거나 의문을 갖지 않고, 타인의 가치를 받아들이는 상태
- 정체감 유예 : 위기○, 전념×
  → 정체감에 대한 의문을 가지고 정체감을 가지려고 노력하지만, 확신이
    없어 자신의 역할이나 과업에 몰두하지 못하고 있는 상태
- 정체감 성취 : 위기○, 전념○
  → 삶의 목표, 가치, 인간관계 등에서 위기를 경험하고, 이를 극복하기
    위해 노력을 통해 자아정체감을 확립한 상태로, 현실적이고 안정감
    이 있으며 자아존중감이 높은 상태

저자소개

백현옥

주요 활동

현 송원대학교 상담심리학과 교수
   한국모래상자치료학회 이사
   지역사회복지대표협의체 위원
   광주 사회서비스 지원단 자문위원
   한국에니어그램학회 청소년위원장
   광주경찰청 경찰발전협의회 회원
   한국푸드아트테라피학회 자격관리위원장
   광주광역시 남구 아동복지 심의위원회 위원
   광주광역시교육청 학생안전위원회 위원
   광주광역시 서구 지역사회청소년 통합지원체계 실행위원회 위원

전 한국상담학회 초월·영성상담학회 이사
   한국학교상담학회 감사
   광주전남상담학회 이사
   서구청 드림스타트 운영위원회 위원
   21세기사회복지학회 부회장
   송원대학 아동학습증진청년사업단장
   사회서비스 제공기관 품질평가 현장평가위원
   한국청소년상담학회 인성교육분과학회장
   서구 희망드림 솔루션위원회 위원
   광주광역시의회의 정책네트워크 위원
   광주광역시 청소년단체협의회장
   광주광역시 청소년 활동 진흥센터 운영위원
   한국푸드아트테라피학회장

관련 자격
사회복지사 2급
청소년지도사 2급
유치원 원장
심리상담사 2급
비전 전문강사
부부관계치료사
현실치료 상담사

인성교육지도자 1급
발달진단평가 전문가
푸드예술치료사 전문가
가정폭력, 성폭력전문상담원
청소년상담전문가(수련감독)
모래상자치료1급 수퍼바이저
한국형 에니어그램 전문강사
현대의 적극적 부모역할 훈련 지도자

청소년지도사 2·3급 면접 가이드

초판발행   2021년 12월 10일

지은이   백현옥
펴낸이   노현

편 집   우석진
기획/마케팅   이후근
표지디자인   이영경
제 작   고철민·조영환

펴낸곳   ㈜ 피와이메이트
             서울특별시 금천구 가산디지털2로 53, 한라시그마밸리 210호(가산동)
             등록 2014. 2. 12. 제2018-000080호

전 화   02)733-6771
f a x   02)736-4818
e-mail   pys@pybook.co.kr
homepage   www.pybook.co.kr
ISBN   979-11-6519-225-9   93180

정 가   16,000원

박영스토리는 박영사와 함께하는 브랜드입니다.